— 新启原交易丛书 —

职业交易员的自我修养

（认知篇）

李小军
姜　栎 ◎著

The Self-cultivation of Professional Traders

山西出版传媒集团 山西人民出版社

图书在版编目（CIP）数据

职业交易员的自我修养. 认知篇 / 李小军，姜栎著. -- 太原：山西人民出版社，2024.7. --（新启原交易丛书）--ISBN 978-7-203-13472-5

Ⅰ. ①F713.35

中国国家版本馆 CIP 数据核字第 2024D1U612 号

职业交易员的自我修养（认知篇）

著　　者：李小军　姜　栎
责任编辑：秦继华
复　　审：魏美荣
终　　审：贺　权
装帧设计：卜翠红

出 版 者：山西出版传媒集团·山西人民出版社
地　　址：太原市建设南路 21 号
邮　　编：030012
发行营销：0351-4922220　4955996　4956039　4922127（传真）
天猫官网：https://sxrmcbs.tmall.com　电话：0351-4922159
E-mail：sxskcb@163.com　发行部
　　　　sxskcb@126.com　总编室
网　　址：www.sxskcb.com

经 销 者：山西出版传媒集团·山西人民出版社
承 印 厂：廊坊市祥丰印刷有限公司

开　　本：710mm × 1000mm　1/16
印　　张：14.5
字　　数：168 千字
版　　次：2024 年 7 月　第 1 版
印　　次：2024 年 7 月　第 1 次印刷
书　　号：ISBN 978-7-203-13472-5
定　　价：158.00 元

此书献给

期货市场每一位交易者。

认知，是打造系统的原理；

系统，是输出交易逻辑的形式；

一致性地输出自己的交易逻辑，

完成交易过程。

希望本书

成为交易者的一本自我修养手册，

或者是一本解决问题的指导书，

交易当中遇到的各种问题和困惑，

都可以在本书的训练体系中找到正确答案。

李小军的投资之路

2002 年	国内期货 1 ~ 3 快捷键下单发明人； 易盛技术团队负责人，开发国内期货快速下单系统。
2008 年	曾用网名“初级炒单”参加炒客实盘大赛，获冠军； 撰写分享《短线成长之路》系列文章，被奉为短线实战经典。
2010 年	创办交易之家论坛。 几年间很多朋友在互相分享交流中，得到成长。
2012 年	开始转型做波段交易。
2013 年	第七届《期货日报》实盘交易大赛，以 1.65 净值荣获基金组荣誉证书。
2015 年	以收益率 100% 荣获期货排排网优秀账户，交易风格稳健。
2018 年	带领团队研发交易学习训练工具“盘立方”，降低交易员的学习训练成本。
2021 年	2018—2021 年操作的“易家稳健”基金三年时间净值 3.7。
2022 年	携弟子姜栎创办“交易新启原”训练体系，总结传授 20 年交易认知与理念精髓。

新启原首期学员结业典礼（2022年9月）

李小军老师（左二）与姜栎老师（左三）给新启原品牌揭幕

2023 年交易之家教师节公益活动，学员给李小军老师送花

学员与李小军老师面对面聊交易心法（2023 年 9 月）

序一：打通认知，做到知行合一

如何打通认知，做到知行合一呢？

在投资领域，知行合一中最难的是知，目前在程序化交易里面，已经体现得淋漓尽致了。一个系统是否能挣钱，不能去怪电脑执行时歪曲了你的意志，你只能怪自己的执行策略、交易逻辑没有设计好，导致跑偏了或走反了，这些都是知的层面。而电脑硬件和网络的问题，都可以忽略不计。

国外有一个大奖章基金，他们年化收益率能达到百分之七八十，那是他们公司的核心策略，是用钱买不到的，而其他所有的硬件设备都可以从外面买到。只有核心的认知和策略，是行业顶尖高手研发出来的，是最宝贵的，从来不对外。

在交易的世界，人人都想稳定盈利。如何达到这个目的，首先你的知要正确，能够引导一个好结果的策略，那才是正确的知；其次在这个知上面要求自己，严格按纪律操盘，每天改变一些行的不足；如果你的知有问题，那你行得越快，执行得越坚决，结果可能会越糟糕。

我做了这么多年的期货培训，或者是经验分享，最重要的就是把一个正确的交易理念，一个能够有正向结果的交易体系，跟大家分享，这个就是师傅领进门，修行在个人。你得在这个基础上去执行，或者是修行，才能有正确的结果，这是对知和行的一个认识。

先看知，它难吗？如果它很难、很复杂，一般人就很难掌握，所以你的知要简单，能复制，不能太复杂。复杂了，就像去目的地有几十条路，让你选择一条，那你肯定会有选择性困难；如果只有一条路，告诉你必须从这唯一的路走下去，不能有二心，你反而目标单一，能更快地到达目的地。这是我多年的经验，所以策略一定要简单，甚至是单一，这个效果反而是最好的。

再来看行。如果是个人从事交易的话，就要求一个人自律修行，没有监督的话，是很难做到知行合一的。尤其是独自摸索得到一个正确答案的交易者更难，因为要想得到一个正确的交易体系，往往需要十年八年地摸索，反复地折腾，才可以形成一个简单纯粹的交易体系，而且一直要跟着时间和形势加以变化调整。

在这个过程中你可能总结了几百种方法，形成了一套自己的独特的体系，梳理出来后，就像练成了一套武林绝学。这个过程是很痛苦的，交易的知行合一是一条艰难的修行之路。修行的人很多，能够修得正果的，寥寥无几是吧？交易者既要知又能行，两者能结合好的那真是寥寥无几。有一个方法是可以解决这个问题的，那就是知和行分开，比如我把量化策略交给电脑执行，效果非常好；但是交给人，效果就非常不理想。一个人面对电脑，面对各种各样的信息，会有各种各样的想法，有时技术变形，有时松懈懒散，执行起来就不再是一个单纯的策略，不能有效地输出自己的交易逻辑。

知难行易，这个“易”并不是说一定要“知”和“行”通通全做到，你可以想方法解决“行”难，相对来说更好解决，就看你纪律严不严明。而“知”难，它就相当于领悟一样，不在于你学的时间多长，也不在于你学的有多宽或多深，而是在于你不停地摸索“知”的理论与方法，一旦打通认知盲区，建立概率信仰，行就是一致性地输出你的交易逻辑，相对来说就容易多了。

如果一定要一个人做到知行合一，那要求就很高。知要求简单，行要求自律，不停地强化与实践，不折不扣地执行，最终就能勇猛精进。

我和李小军老师的交易理念是一致的，都建议交易者不要盲目交易，必须先打通自己的认知。在一个简单的交易体系里面，做到知行合一效果才好。你只要给他们一个正确的结果导向，他们执行起来才能更加坚决，不再有其他不同的声音发出来；有不同的想法，就坚决不做。

我很欣赏李老师书中讲的原理和方法，如果你想成为一名职业交易者，不如跟李老师好好学习，或者找个自律性很强的同伴一起学习与配合，然后把知、行分开，你只要把“知”的一套规则方法告诉他，让他简单地执行你的口令，这个时候相对来说，“行”就是一件简单的事情。行的人只要按纪律坚决执行，目的就容易实现。

师傅领进门，修行看个人。明白知的重要性，行的纪律性，你需要重新梳理自己的策略，不断把这个策略固化，再固化。行就是顺水行舟。

丁伟锋（第九届全国期货实盘交易大赛轻量组冠军）

2024 年 3 月 30 日

序二：交易员如何加强自我修养

在交易的世界里，犹如行走在天堂与地狱之间。如何修行，这是一个我一直在思考和研究的课题。

我读过杰西·利弗莫尔的《大作手回忆录》和刘强的《期货大作手回忆录》，也经历过中国股市的几个牛熊阶段，同很多交易员、操盘手交流过，他们的内心世界既复杂又深邃，是一群琢磨不透的人！

交易员们通常都有一颗追求完美技术的心，他们渴望获得某种技术圣杯，在市场中总能捕捉到暴利的机会，并且希望每一次搏杀总能够完美胜出、一劳永逸。要知道，交易市场里，充满着不确定性，没有什么是绝对的；同样，交易有赚就有亏，你赚的恰恰是别人亏损人的钱，交易的大池子总是平衡的，不可能永远赚钱，这些都是交易的本质。

交易员有着强烈的求知欲和征服心。他们不仅仅满足于书本上的知识，更会通过交易、操盘实战来获取经验，还与其他同行、师友交流学习，不断丰富自己的知识和技能，提升自己的心法能力和淡泊宁静的修养。

在追求技术完美、能力卓越的同时，交易员还要保持一份谦逊和敬畏之心，不骄不躁，不喜不悲，这着实难以做到。要知道，交易员身处一个孤独、无趣、痛苦、沉闷、疯狂、喜悦的世界，每天有无尽的工作与信息报表等着自己去完成，在最繁忙的岗位上修行，在最惊心动魄没有硝烟的世界里“杀戮”，就像漂流在黑暗长夜大海里的一叶孤舟，如果没有导航灯塔的指引，我不知道交易员们能坚持多久？我也很好奇这样一个课题。

见过了太多一生轰轰烈烈有着伟大成就的人，他们就像天上的流星一样一闪而过，很少有交易员能成为投资市场的明星，美国有几位，江恩、格雷厄姆、巴菲特、查理·芒格、威科夫、斯坦利·克罗等，中国的投资市场历史较短，我也乐见未来能涌现出这样长期健康地交易下去的大师，并培养出一大批优秀的学员，结出宁静、喜悦之果，那实在是一位值得大书特书的人。

本书作者李小军，是我的师兄好友，也是一位已经在路上的交易者、修行者、布道者。我很多年前就认识他，那时他还是一位计算机编程师，专门做股票、期货软件的策划编程，也就是程序员，如果不懂股票、期货，那是不可能的，所以，李小军汲取了交易技术的精华，优中选优，具有实操性，最重要的是用户用了满意。正因为要了解客户的需求，收集优质客户的数据、经验，所以李小军创办了“交易之家”和“交易新启原”，汇聚了一批志同道合的人，探讨交易的本质与方法，终于有了这本书的付梓落地，实在是可喜可贺！

在这本新书中，李小军其实讲得不多，核心是交易的四大认知基石与心法训练体系，用李小军的话说是一次改认知的机会，很简单。但凡简单的东西，其实都要掰开了、揉碎了、苦口婆心地反复讲，直到某一天你开悟了，会用了，你才淡定地会心一笑：原来真理就是如此简单！是的，只要有正确的认知和理念，加上符合理念的技术工具和心法的保护，交易其实没有那么难做。

但改认知，是需要学习和修行的，李小军用了“职业交易员的自我修养”作书名，注意是“修养”而不是“修行”，这是符合广大交易员和散户读者的。只有到一定境界，你也可以像李小军一样，像修行者和布道者一样传播大爱。学习就是一种修养，它是长期的、沉浸式的，就像李小军经常讲的“腌咸菜”一样，不在“咸菜缸”里泡够足够的天数，对交易的认知是达不到深刻程度的；就像老中医把脉一样，能识别一个交易员在交易中遇到的各种疑难杂症，并对症下药、手到病除。认知理念对交易的帮助是最大的，改了认知，学习了正确的理念，绝对会让你在交易中有跨越式的提升。

如何加强自我修养？交易中最现实的就是——如何控制好回撤，这是李小军的特色理念。他经常说一句话：在震荡里面回撤大，控制不住回撤是做趋势交易最头疼且无法逃避的永恒问题。很多交易员在震荡期间回撤大、控制不住，就像骑快马到悬崖边，如果勒不住，导致心里开始抗拒亏损，执行力开始下降，然后行情来了又踏空。问题是多方面的，李小军总能一针见血指出问题所在，开出药方（控制周期与 ATR），于是在控制回撤方面取得了立竿见影的效果：不再抗拒亏损，而是接受合理的亏损，按预期目标适当止盈。交易就是一个控制风险的概率游戏，把握游戏的规律，交易过程不变形，一致性输出，盈利就是一件轻松的事情。

李小军经常喜欢讲故事和打比方，如“变色龙”“腌咸菜”“任督二脉”等，那些简单的故事和比喻蕴含深刻的道理。交易是一项长期的过程，需要持之以恒地努力、复盘、积累、创新。通过心法训练，保持一颗平常心，不因一时得失而影响心态，同时也要勇于面对失败和挫折，不断总结经验教训，提高自己的交易水平和职业修养。

最好的修行，是戴着镣铐跳舞。李小军在书中用了十个字来概括——“有禅有净土，犹如戴角虎”。从理念到逻辑，从技术到心法，交易即修行，我希望读者朋友把李小军总结的四大交易认知基石搬回家，在这四个层面形成一套交易闭环系统，一致性地输出底层交易逻辑，你就是一名合格的交易员。

史浩生（职业交易员）

2024 年 3 月 18 日

序三：摘取交易最有魅力的三朵鲜花

很早就认识交易之家的李小军老师，十几年以来，他一直从事交易实战，积累了丰富的理论和实践经验。后来，他创办了“交易之家”论坛和官网，跟很多朋友分享交易的体会与经验，我也从中受益颇多，得到了成长。这几年我跟他在期货交易上有很多合作往来，其间亦师亦友，见证了李小军老师创办交易新启原训练体系的魅力，我摘取了其中三朵最美的“鲜花”。

一、建立信仰。我想说，新启原训练的一大特色是它的体系非常科学、合理，且长期持续跟踪学员的交易状况，能够适用变化指导学员的实践。很多学员说，李小军老师第一件要做的事，就是打通学员的交易认知，其次才是教大家学习正确的理念与交易技术，最后还有一套心法的保护。在学习的过程中，学员们经常拿过往的数据与案例来复盘，在验证的过程中逐步清晰且强化学员的交易逻辑，从而对整个学习体系建立起信仰。信仰一旦建立，交易就是简单地、一致性地输出，不会变形。新启原体系是一种陪伴式成长，整个过程要和学员交流沟通，跟踪学员的学习状况，一对一地指导，这一点非常重要。这个过程，让广大学员对交易的认识得到了跨越式的提高，从而坚定自己做交易的信仰。

二、前车之鉴。李小军老师的新启原体系，最大的特色就是提出了对交易的认知。认知的价值是最大的，改认知也是最难的。在投资界，很多交易者沉迷于对完美技术的追求，这是交易路上最大的“坑”。李小军经常跟学员开玩笑，技术是个二流子，各种调戏，最后都掉进大师们推崇的技术陷阱中。失败、损失惨重，是很多来跟李小军老师学习的人进来时说的，就是因为对交易没有深刻的认知，导致交了很多学费，走了很多弯路，甚至十来年一直在原地打转。学习了李小军的新启原体系后，很多学员恍然大悟，之前的错误和失败都是“技术执”，执念一起，就会在低维度中一直跳不出圈。这就好比说，“热恋中的男人和女人智商都为零”，这说法虽然有点夸张，但我们迷恋技术的交易员和散户何尝不是如此呢？所以，李小军老师在第一章开篇中，就带领大家去改认知，从前车之鉴中跳出来，站在更高维度俯视之前的自己。

三、启迪心智。这些年，我发现李小军老师变了，变成了一个哲学家，变成了一个禅修大师，他和学员交流的时候，处处充满了哲思，时时蹦出智慧的火花。现在的新启原体系，有一个很有特色的训练就是——心法练习。我们都知道，交易员每个毛孔和骨子里都充满着对金钱的极致向往，说白了就是想盈利，想赚钱，让亏损滚一边去。想赚钱没错，这是每个交易员的最大目的，但不能把亏损踢一边去。李小军老师经常给学员讲望峰息心、凤凰涅槃，将心法训练贯穿到整个交易的过程中，真正做到平静地交易，淡然地看待盈亏，内化于心，外化于行。

怎么做呢？第一，熄灭追求盈利的心；第二，熄灭抗拒亏损的心；第三，多读《道德经》。只有熄灭追求盈利的心才不会频繁交易，才不会重仓不止损；只有熄灭抗拒亏损的心，才能接受合理的小亏损，减少交易次数，等待机会，沉下心去，要钓就钓一条大鱼。李小军老师经常跟学员说，所有的大亏都不是技术问题，都是心法和情绪处理不当导致的；盈利是市场行情给你的，与自己技术水平无关；市场走得不好的时候，能控制住回撤才是本事；顺势交易的时候，不要急于止盈，让子弹多飞一会儿。很多学员跟李老师学习交易后，变得不那么急躁了，也不那么急功近利了。在控制自己的过程中，交易的稳定性得到了质的提高，很多学员做到了知行合一，周末经常带着家人出去兜风撒欢儿。

新启原有一园子闪着金光的魅力鲜花，我只摘取了其中的三朵，也是我跟李小军老师学习最深刻的体会。一本书或者一门课，最重要的是让人从中受益，有适合自己的闪光点，并学以致用。李小军老师带给大家的，不仅是交易认知的改变、心法体系的提升，更重要的是淡然地看待交易，不以交易盈利为目的，合理地接受亏损。这其中不少人，反而在最近两年的熊市中赚到了钱，事业得以继续发展；更重要的是，李小军老师挽救了很多交易员及家庭，让他们走上了新生的道路。

李燮佳（私募基金经理）

2024 年 3 月 10 日

序四：大破之后是大立

作为一名进入 A 股市场十几年的老兵，我主要做期权交易，可以说见证了这些年股票和期货市场上的风风雨雨，以及那些走马灯般来来回回的大 V 和“股神”们。2008 年全球金融危机之后，我初生牛犊不怕虎进入了这个充满了机遇和挑战的市场。那时候中国已经引进了国外不少经典的证券图书，像舵手图书出版的《股票大作手回忆录》《亚当理论》《三角洲理论》《威克夫操盘法》《斐波那契交易法》《期货市场技术分析》（约翰·墨菲）这些，我陆陆续续都拜读了，后来又陆续读了一些波浪理论、缠论、波段交易的书，这些经典专著有一个共同点就是：足够经典，理论性很强，实操性偏弱，尤其对于中国 A 股市场，显然有些水土不服。

既然通过看书不能学到所需的技术分析和实战技巧，那些论坛牛人、微博大 V、民间“股神”就进入了我的视线。我也好赖都学了一些，并且与身边的朋友一起投入真刀真枪的股市，也确实赚了一些钱。但好景不长，有行情的时候跟着赚，没行情的时候被套，加杠杆做的人大部分还亏了钱。中国股市、期市一路的巅峰与低谷，都经历过，还好没有死掉，还仍然在股市的大海里寻找灯塔。这时候我就在想，为什么散户和小白不能在交易市场里一直赚钱呢？到底有没有一种能让广大交易者实现持续、稳定盈利的方法或策略，抑或是某种心法呢？

就在我为市场忧心的时候，经朋友推荐，我遇到了“交易之家”的李小军老师。他没有一上来就教人用什么技术赚多少多少钱，而是先从认知方面给学员打开了一个别有洞天的新世界，让人豁然开朗，一下子就明白过来了，但执行还得进行持续地训练。比如说，世界上有没有一种只赚不赔的技术或者体系呢？李老师的结论是永远不会有，有的只是胜率足够高的技术或者方法。因为交易市场的本质就是不确定性，永远在变，无论是参与的人和机构，还是交易规则，还是经济形势，都不是一成不变的。要想在这样一个变动频繁的市场上取胜，最重要的是要有这样一个认知体系：理念、逻辑、技术、心法构成的完整的交易系统，缺一不可。只有技术，没有其他三者的话，注定走不了太远，市场无数的悲剧验证了这点。以杰西·利弗莫尔为例，他的交易技术不可谓不先进，水平不可谓不高，但却屡次破产，原因是没有一致性地输出他的交易理念、逻辑和心法。站得越高，如果没有基础体系和心法支撑，就会跌得越惨，现实中很多股神大咖都经历了这样的劫难。

这不也是大多数散户赔钱的原因吗？他们今天学江恩，明天学波浪，后天又去学缠论和克罗，大后天又去学量化交易甚至玄学，东一榔头西一棒子，没有一个完整的体系，就会陷入技术唯一性的迷宫。李小军老师点出“技术不负责任，是条变色龙”这样的比喻，让很多学员为之震惊。李老师的谆谆教诲让很多人彻底扭转了思维，建立了新的交易认知。例如：

◆ 在一个无常的世界里追求确定性，必然会陷入痛苦不能自拔。

◆ 不以追求盈利为目的，一致性地输出自己的交易逻辑。

◆ 所有的盈利都是行情给的，与自己的水平无关。

◆ 交易保持平衡输出最重要的是心法，心法影响心态，而最核心的心法是不刻意追求盈利，不抗拒合理的亏损。

……

这些认知与思想初看起来不是很合理，但仔细思考之后却不得不佩服李老师的大智慧。比如，大部分人一生始终追求的就是交易的确定性，陷入确定性的执念，走不出来。须知世上本就没有

100% 确定性的交易，即使在大多数人看来是稳赚不赔的交易，也可能因为“黑天鹅”“混沌事件”的发生而一夜崩塌。发生在 2020 年中行的“原油宝”事件就是一个活生生的例子，谁也没想到原油期货还能是负的，但它就是发生了。

李老师的种种理念和心法给人们带来很大的冲击，必须反思和痛改前非。没有了每次交易必须盈利、技术包打天下的执念，我从此进入了交易的自由王国：按固定的工作时间与策略进行交易，按盈亏比和概率逻辑来设定自己的目标，不刻意追求盈利，不抗拒合理的亏损，一致性地输出交易逻辑，不炫耀自己的交易技术和水平，每天还有闲暇的时间散步听歌、参禅打坐。这可能就是交易员的自我修养吧。

不破不立，大破大立，这就是我跟随李老师学习之后得来的一点心得体会，与同行朋友们共享、共勉、共进！

马明伟（期权交易者）

2024 年 2 月 28 日

自序：有禅有净土，犹如戴角虎

技术是变色龙

诠释了我前面几年时间所有的忙碌和艰辛，都是故地重游。

满载的热情和成就，都是无效的努力。

理念、逻辑、技术、心法

就像桌子的四条腿，形成了平衡系统。

在我的交易世界里，技术只占 30%。

独木难支！知易行难！

十年交易两茫茫，盈利相思苦断肠。

众里寻他千百度，蓦然回首是认知！

有禅（认知）

就是对交易游戏不确定性的认知，

对技术工具唯一性的错误认知。

认知犹如黑暗中的明灯，

指明方向，照亮前进的道路。

有净土（心法）

信任、平台、心法训练，

踏实走好每一步，

从静态复盘——实盘模拟——实盘交易，

一步步建立概率信仰，

把认知内化到心中。

戴角虎（逻辑输出）

交易就是将认知输出，做到知行合一。

不能输出的核心原因是：

无法处理交易中的各种情绪，

无法获得概率体验感，

更谈不上建立概率信仰。

书中

有不当的地方，请多包涵；

有不理解的地方，请留言；

有更好的分享，请联系。

愿你我在这里

渐渐相遇，提升认知，

安心交易，看淡盈亏；

定心歇心，接受合理亏损；

心中有光，交易之路才会长青！

——李小军

扫码观看李小军老师的交易经历视频

目 录

第一章 为什么你学了那么多技术仍然亏损迷茫？

我们来共同思考一个问题：为什么你学了那么多的技术仍然亏损？交易越做越迷茫无所适从呢？这一章，我们来纠正一个观念，首先要打通交易认知。

一、交易的四大基石

很多人学习交易有一个非常大的误区，就是认为只要某个老师教他一个非常厉害的、能盈利的技术，他拿过来就能够成功。这是一个非常错误的思维。

交易技术的重要性，在整个交易中所占的比重并不如大家想象的那么高，我认为，它在交易中只占20% ~ 30%的比重。如图1-1，交易的四大基石就是：理念、逻辑、技术、心法。

图1-1　交易的四大基石

在交易的四大基石中，很多人对其他几个基石没有一个深刻理解和认知，只重视技术这一个基石，甚至认为它就是全部。其实，很多技术你是没有能力去驾驭的。当你驾驭不了的时候，在应用技术的过程中会持续不断地犯一些非常低级的错误。你没有办法让技术去展示它的概率优势，也没办法从中获得一种体验感。举个很简单的例子，你会开小轿车，但在没有经过专业学习和考取 A 本和 B 本之前，你是不能驾驶大客车和大货车的，即是此理。

交易的第一个基石——理念（即认知）。

交易的核心理念——就是顺势，截断亏损，让利润奔跑！

顺势交易理念相对比较简单，我们经常听到要跟趋势走，只是很多人对这个理念没有形成自己的认知，所以在交易过程中，执行逻辑并不能真正体现出这样一个非常核心的交易理念。

顺着趋势而为，古人讲“顺我者昌，逆我者亡”，交易也是一样，话糙理不糙。

那你说：“我换一种理念交易行不行？我就做逆势，我就不止损截断利润，行不行？”

钱是你的，行不行自己判断。说真心话，这么多年我见到过的所有盈利的人，都是遵循顺势而为这个核心理念来做的，还没有见过一个违背这种理念交易最后还能够盈利的人。

交易的第二个基石——逻辑（即串珠法）。

逻辑是交易中最核心的一个基石，因为逻辑牵扯到的东西比较多。我们学了一大堆各种各样的技术，包括进场方法、止盈方法、止损方法，如果我们不用逻辑把它完整地串起来，即使学了很多课程与技术，每个人讲得都非常有道理，但一用就很糟。原因就在此：交易中每个环节的逻辑，就像一盘散落的珍珠，在没有深刻或清晰的认知情况下，很难把所学的技术串起来。

所以说，技术就像练武功的真气，认知就相当于任督二脉，如果任督二脉不通，你练再多的真气，它们都憋着运行不起来，不能形成有效的力量，甚至练得越多，还可能有反噬作用。

认知是珠子，是任督二脉；逻辑是串珠子的线，或是打通任督二脉的方法。

今天开始，我先帮大家把交易每一个环节中的理念、认知完全理清楚；理清楚之后，再帮大家把任督二脉打通；打通之后，最后给大家讲技术的层面（即第三个基石）。你的认知被打通之后，会发现自己以前储备的技术已经够用，直接用就可以了。

二、固执的认知

我有一个朋友学波段交易有七八年时间了，我们以前都是做短线交易的。隔了好长时间我们见了一次面，他说自己控制力不行，老是频繁交易。我请他讲一下具体交易是怎么做的，他说是看 1 分钟线，然后寻找合适的进场点。

我一听就明白了，做隔夜波段交易的，用 1 分钟线去做，他的两个交易周期的逻辑是不匹配的。我就建议他直接看 60 分钟线，区间里面别做，在区间边缘或区间外面找进场点。他改得非常快，技术可以，控制力也行了，最近两年盈利的情况非常好。

这个案例说明一个什么问题？很多人觉得自己的执行力不好、心态不好，等等，其实很大程度上是自己认知不清晰，逻辑不正确。如果只是在原因上面找问题，那是永远解决不了的。

就像我这个朋友，前面好多年想尽一切办法提高自己的控制力、执行力，去听课来提高自己的技术，甚至到处找心法、心学的课程来学习，其实解决不了根本问题。因为你是人啊，根源是认知方面出现了偏差，而不是技术上有什么大问题，所以学的这些方法，并不能有效地指导交易实战。

再举个例子：我们都知道一加一等于二，我相信你就算喝个半斤八两迷糊了，问你一加一等于几，你永远不可能因为心态不好算错。为什么？因为一加一等于二这个认知是非常清晰的，一旦建立起认知，就不会再犯错！

交易这件事情，见仁见智，书上、网上东一个理论西一个门派，你都觉得这个有道理，那个可操作，但是自己对这些理论没有清晰的认知，选择太多了反而不知所措。究竟怎么进场，怎么止损，怎么止盈，你对这些认知永远是模糊的。在逻辑认知模糊的情况下，很多时候你是不知道取舍的，就会进入一个迷宫，做了十年八年交易还在原地打转，可能永远都走不出来。

学习交易的大部分人，通常采用的一个学习方式叫"愚公移山"。这种人相信一门技术或理论，就死磕这门技术或理论，有点独孤求败的感觉，最后他获得了交易概率的体验感，这样他也能走出来。但这种模式的弊端在哪里？"愚公移山"的时间成本是非常高的，交易中还会有很多"坑"在不断地等着你。

举个例子：我们搭一座桥有两种方式——试验搭建与科学搭建。第一种方式是在河面上用材料来回试，试来试去，最后搭成了一座桥，稳固能用了。然后换个地方搭桥，又重新试来试去，效率非常低。这就是很多人学习交易的第一种方式——试错的方式。

这种方式，不懂什么力学结构、力学理论，就是瞎猫逮死耗子，不断试错，可能试了好多遍之后，成功了。这是一种经验式实践，它的弊端就是时间长，反复试验，试错成本非常高。

对专业搭桥者来说，第二种方式，就要懂得力学定律，也要懂得材料学、建筑学、地质学这些知识。他们去搭桥，即使以前没有搭过，经验欠缺一些，但是有科学的方法指导，只需付出很少的试错成本，就能搭好一座稳固的桥，并且能够经受长期的检验。有这套理论和方法在，即使换一种地形，换一条河，照样能很快搭一座桥。为什么？因为这种方式背后有一个强大的科学体系，即使搭建中出点问题，也能快速解决它。

这就是逻辑认知，也是交易的方法。**本书所讲的逻辑认知，就相当于交易里面的牛顿力学定律，也就是科学的交易理念，告诉你顺势做对的事。**

三、认知，是把方向做对

我们很多人做交易，如果没有这样的逻辑认知，顺利的时候没问题，而一旦遇到问题，就不知道该怎么办，卡壳了；甚至一个小问题导致了一系列的问题，最后有可能引出毁灭性的严重问题。如果对每一件事情的认知都非常清晰，有科学的指导体系，其实我们都有解决问题的好办法，也能从容应对——这就是逻辑认知对交易员的重要意义。

学习交易，大家还要注意一个问题：很多时候，如果努力的方向错了，所有的努力都是无效努力。交易这件事，它不是随着时间积累，就必然会提升、成长，如果你的认知和思维模式错了，即方向错了，那么基本上就会一直在那个迷宫里面打转。

要想真正地获得一个良性的螺旋式成长进步，你内心必须对交易认知和思维模式有清晰的认识，学习才会有效率，不会犯方向性

错误，就不会在迷宫里来回打转。

本章还有第四个交易基石——“心法”没讲，留到后面章节讲。

本书后面会和大家形成一系列的互动环节，我会针对交易中一些个性化的问题，来帮大家进行梳理，包括大家情绪和心理层面的内容。通过讲解，我在跟大家沟通的过程中，发现哪些地方需要去强化，或者我们在交易过程中想到的一些好点子，我都会把这些内容整理出来，通过文档或者视频的形式传递给大家，所以读者朋友们，感兴趣的可进入我的书友群，多多交流和互动。

本章总结：

开篇讲交易的四大基石，不能以偏概全，要清晰地知道理念认知与逻辑认知，做对交易的方向，形成顺势交易理念，不陷入技术的迷宫，交易就不是什么难事。

扫码观看李小军老师讲解交易认知的四大基石

在一个无常的世界里追求确定性，必然会陷入痛苦不能自拔。

Pursuing certainty in an impermanent world will inevitably lead to suffering and unable to extricate oneself.

第二章 交易技术的底层原理

前面一章我们说过交易技术，它在整个交易的体系里面，占的比重并不是大家想象的那么高，技术只是一条腿，是实现交易理念和输出交易逻辑的一个工具。

一、技术圣杯是不存在的

交易工具有很多种，不是大家所想象的那样，只有最好的一种或者最完美的一种。就像打仗一样，你可以根据战略或战术的需要，选用不同的武器和阵形，来实现战争的胜利，工具是为目的服务的。

在学习交易技术的时候，不少人有一个常见的错误思维模式，即圣杯思维。这种人总觉得交易能盈利的人，是因为盈利者有特别厉害的技术，有独特的工具。当然，盈利者肯定是需要工具的，但是他的技术并不一定就特别厉害，很大程度上是因为他能够驾驭手中一系列的工具，技术仅是一种工具而已。

这种认为技术特别厉害的“圣杯思维”是错误的，会导致我们只追求一个很完美的技术，掉入这样的陷阱里去。当你的交易进入一个错误的思维模式时，基本上就等于进入了技术的迷宫，可能研究十年八年也研究不出什么成果。

关于交易技术，我总结了自己对技术的一个看法，如图 2-1，我常用一个比喻来形容：**“技术就是一条变色龙，它会反复无常，今天好用也许明天就翻脸不认人。”**

说白了，执着于技术本身，是很不负责任的，因为环境是变化无常的，技术这条变色龙当然也一样。如果别人说你是变色龙，你也不要觉得难堪，事实上交易市场本身也是一条变色龙。

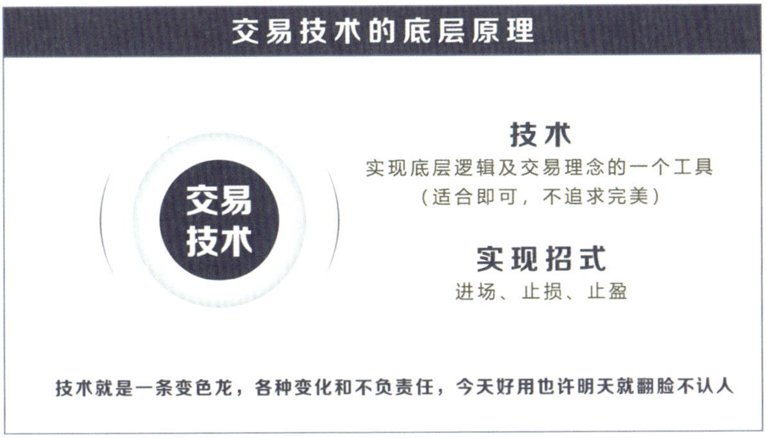

图 2-1　交易技术与招式

二、技术的几个招式

交易技术有哪几个招式？究竟是怎么出招的？

所有的交易技术，我总结了有几个基本招式：（1）定方向；（2）找一个进场点；（3）找一个止损点；（4）找一个止盈点。无论股票或期货，是不是都是这么操作的？说白了，技术有套路，就是很简单的几招。我把图 2-2 先定义为上涨的期望，看后面怎么去做。

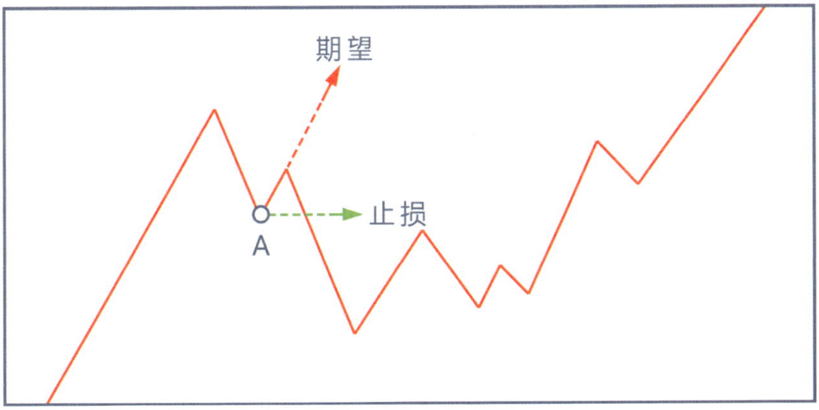

图 2-2　上涨的期望

在图2-2中，有个人期望上涨，想在A点进场。这看上去挺好的，但是技术不负责任，过了一会行情直接掉下来，这时候是不是要止损？没达到期望的方向，就觉得要研究一阵子，再确定下一步。

然后再看某本书的指导（如图2-3），在B点突破进场。一做，发现技术又不行，还是不负责任掉下来了，B点也不行。

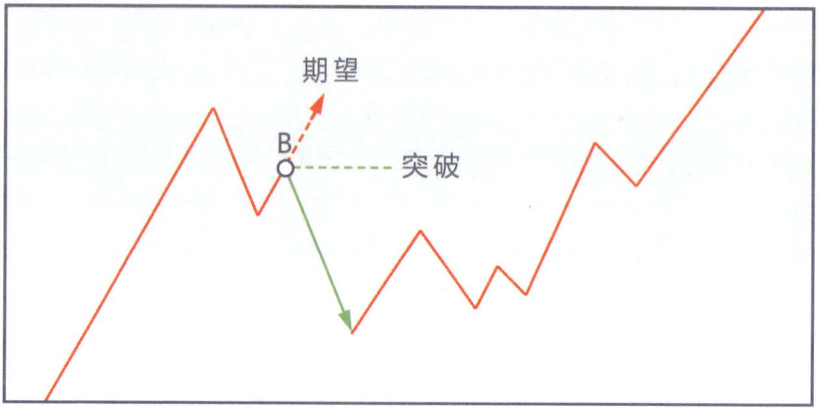

图2-3　某本书的指导

再研究研究（如图2-4），有个朋友说应当在C点突破，那又面临问题，突破不了止损吗？在这里止损，行情可能会反弹，止损后涨上去，他不仅没赚到反而亏了。

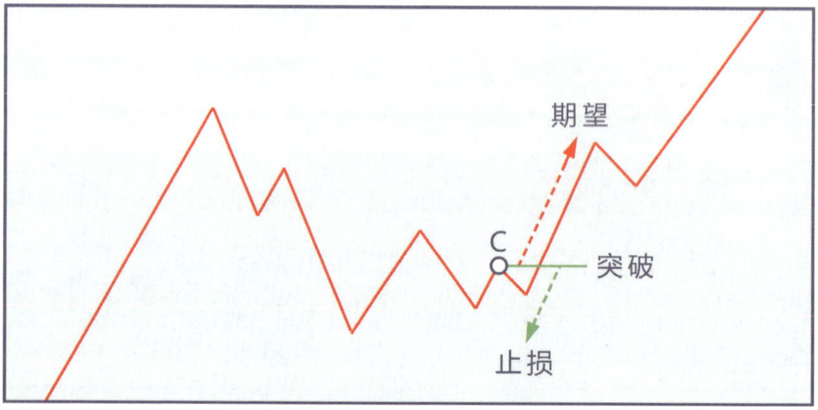

图2-4　朋友在C点突破

这个人又去学习听课，听老师说，这里止损不合理，如图 2-5 的 C 点才是合理的止损位。他做了，止损的过程中发现又掉下去了，然后却转折向上。老师的技术也不可信，到底该听谁的？

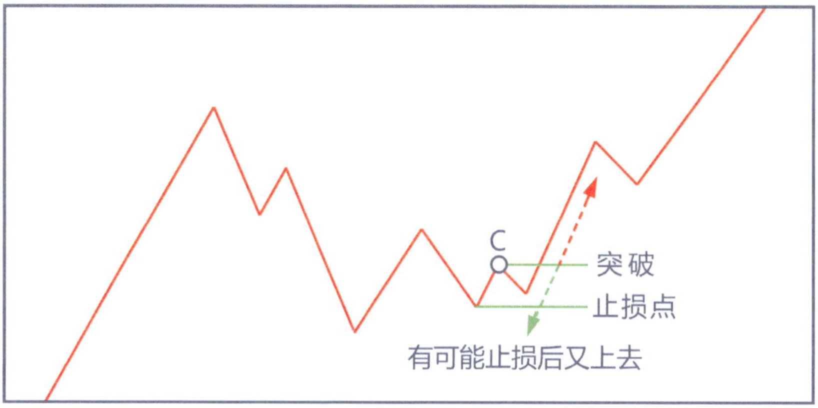

图 2-5　老师的突破

几番研究，最后发现，如图 2-6 中 D 点这个地方止损更合理一点，他在这个地方止损，发现做完止损行情又上去了。

这不行那不行，最后他发现，研究来研究去，技术比变色龙还反复无常，真是不负责任。止盈也一样，在这个点止盈，止完之后

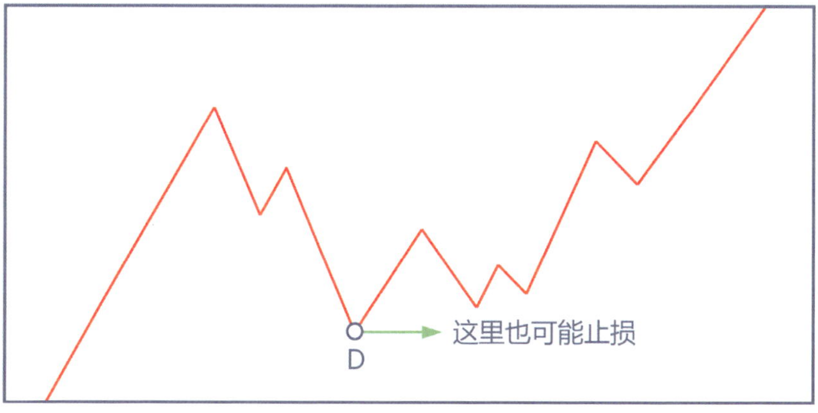

图 2-6　D 点的止损

它还继续涨；在更高的点止盈，它依然涨个不停。你们说，技术这种变色龙，你要往东它偏要往西，根本就不靠谱啊！

还有一种情况，如图 2-7，老师 1 教他画趋势线，在 A 点突破进场或者突破之后等回调进场。

过了几天，他发现图 2-8 老师 2 又画了 B 点的趋势线。

他纠结了，究竟谁对谁错，该听谁的，他无从下手。

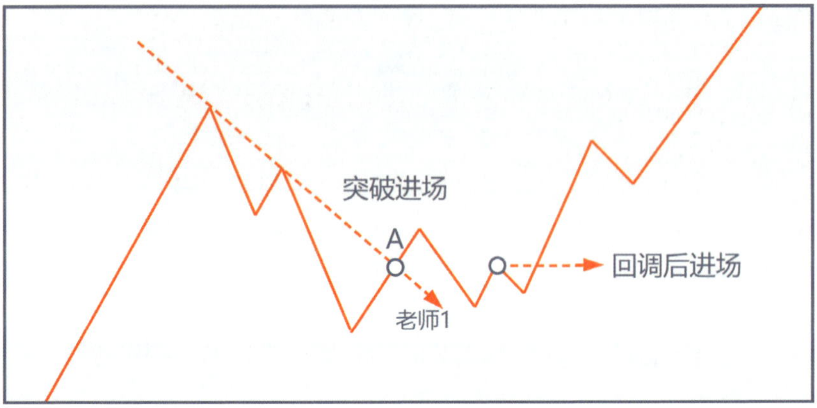

图 2-7　老师 1 的画线

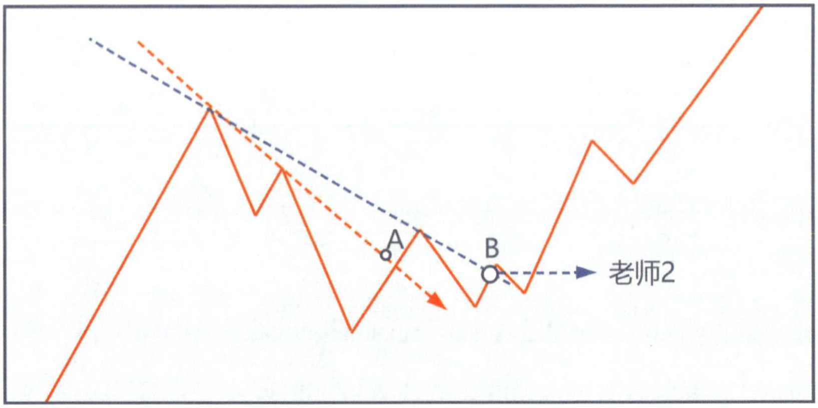

图 2-8　老师 2 的画线

又过了几天，他看了某本书，趋势线画在图 2-9 中的 C 点。

很多人就是在这种反复纠结过程中越学越迷茫，为什么会这样？本质是什么呢？我们来看图 2-10，老师 1 的线较敏感，老师 2 的线迟钝一点，书上画在 C 点的线更迟钝。

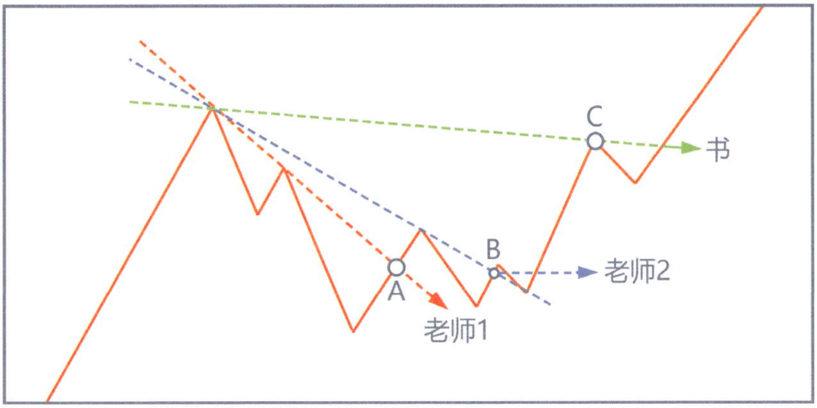

图 2-9　书上 C 点的画线

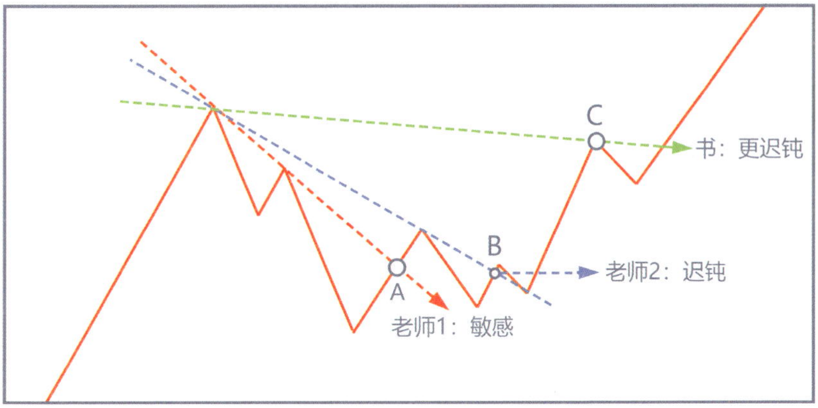

图 2-10　三种画线的敏感度

从交易的底层逻辑来看，20 日均线、30 日均线和 40 日均线有什么区别呢？一般来说，20 日均线进场敏感，30 日均线进场迟钝，40 日均线进场更迟钝。图 2-10 中这三条趋势线，就相当于 20 日、30 日、40 日三条均线。

止盈也是这个道理，在这儿止盈和在那儿止盈，选择敏感还是迟钝，其实就是个人的习惯。

所以，交易技术就是这么一件事情，它没有确定性，不负责任。很多人学交易就在上面反复折腾，各种学习，到处听课，学到最后，发现什么理论都会，一做交易，怎么都不行。

三、建立交易认知的闭环

我认为交易过程是一个整体，需要在交易里面建立一个认知闭环。认知闭环没有建立，天天研究所谓的厉害技术，到最后就会陷入技术的迷宫里。说真的，我见到有些朋友，一直在一个错误思维的道路上走了七八年，还是认死理儿，一直在他们的技术迷宫里打转。认知闭环没有建立起来的情况下，在交易里面，我们一遇到问题，总是不知道怎么解决，只有各种纠结、痛苦、自责。

上面一系列招式的图，给大家展示了交易技术就是这么不靠谱，它就是一条变色龙，各种变化和不负责任，没有最厉害和最差，也没有唯一性，你不能在老师告诉你"一加一等于二"所谓的正确技术后，就以为拿到了技术圣杯，就能在交易里盈利，这是不可能的事情。

因为交易技术在整个体系中只占很小的一部分，占比更多的是认知思维和心法训练。所以我们这本书，就从底层逻辑开始，一个一个梳理清楚，最后让大家把所有的认知思维建立起来，形成认知闭环，之后很多事情你自己就会找到答案。

交易技术各种变化、不负责任、没有唯一性，那么怎样更清楚地认识技术的真面目呢？

在我看来，交易技术其实是一个“利弊选择”的问题，我们在应用技术中各种纠结、无所适从，感觉这也不行那也不行，是因为交易是一个整体，不能盲人摸象。如果逻辑认知闭环没有建立起来的话，你的这个体系里面只要有一个缺口，就会像木桶的短板一样，短板以上的水都会流走，需要将缺口补齐才可以。

所有的技术，最后它都是用来做利弊选择的。如果你没有这种闭环思维或者在闭环不完整的情况下，每次遇到一个问题，就不知道如何衡量利弊，得了无法抉择的选择困难症。交易就会变得乱七八糟，出现这样那样的问题和失误。

技术上的利弊选择，打个不恰当的比方，和找对象结婚有点类似——要找个不一定最完美但可能最适合自己的人，一起生孩子过舒适的日子。很多盈利者用的技术看着很粗糙，感觉没什么花样——“通盘无妙手”，就是不需要多么精妙的技术，只要把认知逻辑的思维打通了，很多技术你都可以驾驭或者变通。以我个人为例，曾经做过炒单，中间也做日内交易，后来又做隔夜波段，我用的技术这些年也是不断变化的，变了很多种。

为什么变了呢？我年轻时用的是精妙的技术，时间方面卡得紧，分秒必争，那是比较耗精力的技术；等年纪逐渐大了，我选择少耗精力的做法，用更适合自己的工具。这些年过去了，我对交易的认知，我讲的是底层的认知，从开始炒单到现在没有特别大的变化，包括一些逻辑思维，虽然中间有所完善，但是本质上没什么大的变化。因为无论选择哪一个工具，它背后的底层逻辑是不变的。

所以我们这本书，一开始非常强调先建立认知闭环的问题，因为我和很多老师的想法确实是不太一样的。他们一上来就会给你讲一个非常厉害的技术，拿来直接用就可以，你也如获至宝。听起来很简单，但世上真有这么好的事情吗？前面也讲过，别人适用的，到你这儿可能就不适用，甚至可能会让你一败涂地。

因为技术有各种变化和不负责任，我们要驾驭它，一定要建立完整的认知闭环，做好交易的利弊选择。只有整个认知思维打通之后，我们才会明白很多问题，然后选择一个合适的答案，再进行一定的心法训练，交易才会逐渐上道，结果只是一个赚多赚少的问题。顺便提醒，限于篇幅问题，加入我们书友群的朋友，会接触各种案例展示和实战训练，这样可以更好地帮助大家建立认知闭环。

理论上来说，你需要遵循这些认知理念和逻辑思维，长期坚持下去，特别是做波段交易的人，短期内会亏、几个月不赚钱也很正常，但是把时间跨度拉长的话，你要亏钱也不容易。很多时候，亏钱的原因，多数时候并不是正常交易亏的，很大一部分是心态失衡亏的。为什么心态会失衡呢？原因就是你的认知不清晰。清晰的认知就像算一加一等于二，你永远不会犯迷糊。

对交易认知要很清晰，一旦清晰，就不容易选择失误。

交易认知的改变，像一个腌咸菜的过程，是需要一定时间累积的。

全书主体是交易认知的四大基石和技术解析，后文我们会通过互动答疑和学习感悟交流的环节，让“腌”的咸菜充分“发酵”，大家可以长期泡在我们的咸菜缸中，等待成熟。

本章总结：

技术有很多种，它们就是不同的工具而已，而且技术就像变色龙一样反复无常，存在各种变化和不负责任，具有不确定性。交易技术的底层逻辑，实质就是利弊选择的问题，需要形成一个完整的认知闭环，选择适合自己的工具。

扫码观看李小军老师讲解技术圣杯与认知闭环

在交易中我们能控制的东西，其实并不多，我们只能做力所能及的一部分，剩下的有些东西就是听天由命。

There are not many things we can control in a stock trading, we can only do what we can, and the remaining things are resigned to fate.

第三章 交易游戏的本质

这一章，我带领大家对交易建立一个全局的认知。

在学习交易的过程中，我们经常听到一句话，就是“交易是反人性或者逆人性的”。人性有一个固有的基本特征，就是贪婪和恐惧，交易的本质就是要克服贪婪和恐惧。

一、恐惧背后的原因

著名投资家巴菲特有一句名言："别人贪婪我恐惧，别人恐惧我贪婪。"大家想一下，贪婪和恐惧能不能克服？我认为克服不了，为什么这么说？

人类之所以能够不断地超越，社会不断地前进，就是因为我们有这种不满足的属性，这是我们人性固有的特点，怎么能够克服呢？你要是克服了，那你就不是人，而是神了。动物就不贪婪，吃饱了就睡，所以它永远是动物；智慧的人类，他一定是有所追求的，贪婪也是其中一种（注：本书把"贪婪"当中性词，请读者莫误解）。

恐惧，背后肯定是有原因的。在某种情况下，人们对很多事情明知道结果不好，反而很淡然。比如我们赶飞机可能会晚点，其实在可能晚点和可能赶上这中间状态里，心是最忐忑不安的；等最后一刻你知道飞机彻底赶不上了，你内心反而安定下来。因为结果已经出来了，坦然接受就好了。

因为大多数人还没有实现盈利，或者没有一个完整的体系去学习，都是靠自己通过网络、书籍在不断地摸索，所以他们对有些问题的认知可能只看到一些局部或者个案。有的人对自己本身的认知不到位，仅是一些片面的感悟而已；还有的人讲的内容只呈现好的部分，差的就不说了，于是很难了解他的完整思维和认知。在学习交易的道路上，我们经常会被这些片面的认知带入误区，于是很自然地就想到，在交易当中要克服自己的贪婪和恐惧。其实，我认为这是一个正确的废话，为什么？

前面说过，贪婪和恐惧是人固有的本性，是不可能克服的。如果有一天你真的克服了，那你还做什么交易呢？做交易本来就是想赚钱嘛，如果这点想法都没有，那你直接去出家吧。人性中的贪婪，能激发你积极有为；而恐惧，能及时地把你拉回来，不至于掉入深渊。它们是一对矛盾体，是相互依存的，关键是这种贪婪带来的结果有不同的评估，过度了就会被世人唾弃。

在交易中，为什么贪婪和恐惧有致命的副作用？

原因是我们对交易游戏的本质不理解。既然说人类贪婪，那我们为什么不去抢银行，那是因为人们对抢银行的后果认知非常清晰，要坐牢的嘛，所以大多数人不敢去抢，所以必须在法律与道德约束的范围内行事。恐惧也一样，是人类保护自己的一个本能。

交易是反人性的，它的本质是什么呢？人类有一个最基本的属性，就是喜欢确定性。人类就是喜欢确定性的东西，结果不论好坏，一旦确定，接受了也没什么。但是交易的特点和本质就是不确定性，认识到这点很重要，人性需要确定性，而交易恰恰是不确定性，所以交易的本质就是反人性。

既然我们无法克服贪婪和恐惧，那在这个地方下功夫是白搭的，就像你不可能抓着自己的头发把自己举起来，这是徒劳的。

二、交易的不确定性

那么，怎样解决确定性交易思维这个问题呢？

首先，我们一定要建立交易认知不确定性思维。认知清晰了，

方向明确了，我们学习交易的视角、思维方式就会发生天翻地覆的变化。因为当我们追求确定性的时候，总想通过提高技术去解决这个问题，但是这样做往往会走入死胡同。

这些年我见过很多人，因为一开始就有确定性交易思维，一直在技术上反复折腾，研究进场、离场技术，研究趋势线如何画，折腾很多年，越走越迷茫，其实这些问题是无解的。

让我们的思维发生大改变，就是从确定性思维变成对不确定性的深刻认知，深刻地认识到交易是不确定性的这种特征。理解了不确定性，再去做交易，你就不会老想着去克服不确定性，因为这是克服不了的，而是要自然地顺应它、应用它。

怎样理解交易的不确定性呢?

我们要换个思维看交易。交易的本质其实就像赌博游戏，你得把这个事儿想明白、看清楚。很多人在学习和应用交易技术的过程中，有意无意地追求确定性，或者说追求完美，这就会导致纠结、困惑、矛盾等一系列问题。如果你把交易完全看作赌博游戏（如图3-1），赌博就有输有赢，你肯定非常容易接受它有输有赢的不确

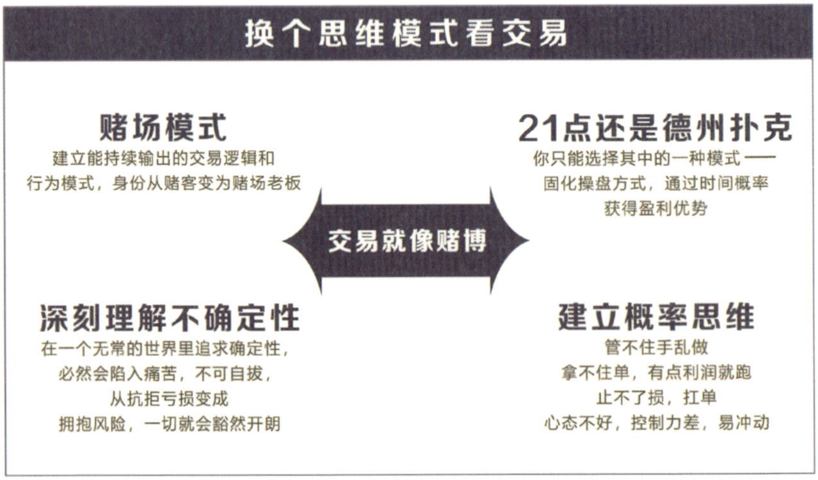

图 3-1　交易的本质是概率游戏

定性。接受了交易的不确定性，你就会从抗拒亏损变成接受亏损。这样一想通了，就会发现交易变得清晰、简单。

三、把交易看作赌博游戏

如果理解交易就像一种赌博游戏的话，过程中有其不确定性因素，那么通过技术这个不靠谱的工具去做交易，我们首先要做什么样的准备呢?

我们要从随机的状态里面，通过交易逻辑的输出，建立交易认知的一致性，持续地进行交易逻辑的输出，建立概率优势，把交易市场看作赌场。

一说赌博，大家可能不愿意，久赌必输嘛，这个道理我们都明白。我们不去赌博，但是我们为什么选择做交易呢（其实两者性质类似）？赌客去赌场赌博，游戏规则是赌场决定的，胜率也是由赌场决定的，赌客是决定不了的。但是做交易，我们可以通过交易逻辑和思维模式的输出，让我们获得某种概率优势。理论上来说，如果把交易当成赌博游戏的话，我们就可以把交易市场看作赌场，让自己成为赌场老板。

从理论上来说，要怎样成为赌场老板呢?

首先，我们必须建立一个概率思维。

因为赌博游戏，就是运用概率思维。我们一定要认识到交易游戏的不确定性本质。不确定性游戏的玩法，其实就是概率思维的玩法。其实大家都明白，在交易这个游戏里面，我们能够控制的东西并不多，我们只能做自己力所能及的操作，剩下的事情就只能听天由命。

很多交易者类似“赌徒”，他们试图控制过程，试图控制结果，在不理解不确定的时候，在概率思维没有建立起来的时候，老是想去控制这控制那，最后什么也控制不了，陷入永远没有办法解决的混乱状态里面。

其次，概率思维完全建立起来后再怎么做？

类似打斗地主的游戏，你只管抓牌，打好手中的牌，运气不好就输了呗，那没办法。这时乱七八糟的妄念就没那么多了，有什么就打什么，你不会试图去控制结果（除非你们是暗中联手给别人做局）。交易也是很纯粹的事儿，你们只做该做的事儿，这样的交易会变得越来越自然，结果也会变得越来越自然，它是概率思维建立起来的呈现。

当我们认识到赌博游戏是不确定的，建立起概率思维后，再来上这个赌桌。我们只能选择一种赌法——就是你的交易模式只能固化为一种，要么玩 21 点，要么玩德州扑克，你只能选择一种玩法，不能同时什么都玩。其实质就是要固化概率优势。

这就是我们常说的：固化自己的交易手法，通过什么样的手法赚钱，要把该手法固定住，就是这样一个原理。

四、看透游戏的本质

这一章的内容就是对交易进行全局俯瞰，有个整体的认知，不要觉得交易很神秘、很高深。有一句话非常经典：“战略上藐视敌人，战术上重视敌人。”我们从战略上不要把交易复杂化，它是个概率思维的游戏，就像是赌博，该怎么玩就怎么玩，肯定是有输赢的，要输得起，才有赢的机会。这样看待交易，整个事情就简单了。

后面的章节，我们会用相应的思维方式逐渐抽丝剥茧，梳理其中的一些逻辑，梳理好之后，会比较容易理解和领悟。交易说白了很简单，就那么几件事儿，进场——止损——止盈，你只要把这几件事儿弄清楚了就行。

还有，无论是我以前的朋友，还是购买本书的新读者，进来后要加强有效学习。我们很多人在学交易过程中总是无效学习、无效训练，不能形成一个螺旋式上升。这个很麻烦，在这个状态里面学习交易，你可能花了十来年时间也不会有进步的。所以拿到“真经”，关键还要读懂，我会在相关视频课里做详细讲解和演示。

在对应的环节把思维认知建立起来之后，把每一个环节给它理清楚、弄明白，然后要进入一个有效学习的阶段。有效学习阶段我觉得非常关键，就像你爬坡一样，开始上升时速度非常慢，甚至可能有退步，这都没关系。有些人领悟力慢些，抛掉原有的思维，建立新的思维认知后，业绩可能一直平平，只要不断跟进学习，走着走着，会有一天，你的业绩开始上扬，你感觉不再纠结了，操作起来得心应手，这时你已经有很大进步了，你的段位已经很高了。

交易说白了就是一层窗户纸，等你在某个临界点开窍了，捅破了，之后你会发现交易真的不是一件很难的事情，它和我们日常呼吸走路一样简单，从此对盈亏很淡定。

这是你们有效学习的一个改变，它是这样一个过程，犹如鱼跃龙门。等认识到交易游戏的本质后，你们都能轻松跃过交易这道“龙门”。

本章总结：

我们了解交易的本质，一定要首先解决认知问题，了解背后的逻辑思维是什么。交易的本质，就在于它是不确定性的，不确定思维的认知是交易的核心逻辑。我们对不确定性这个思维不习惯，老是习惯在确定性思维里面去学习，去玩这个不确定性游戏。好比你是含着金钥匙出生的亿万富翁，要你来演乞丐，那是演不好的，两者有冲突，在不同的频道，这才是问题的根本。

人性是很固定的，古话就说，江山易改，本性难移，你在这个地方做文章是做不出来的。

第一点：要清楚交易游戏的反人性。不要试图去战胜自己人性的弱点，贪婪和恐惧都是人性的弱点，是天生的属性，没有贪婪和恐惧，人类也不会有进步。

第二点：我们要强调交易有着赌博的属性，它是一种概率游戏，有输有赢，是不确定性思维。这个思维建立起来之后，所有的学习和认知，对待交易的纠结与困惑，都会释然的，再去做交易的时候，会发现很多问题迎刃而解。

扫码观看李小军老师讲解交易游戏的本质

第四章 盈利的基本逻辑

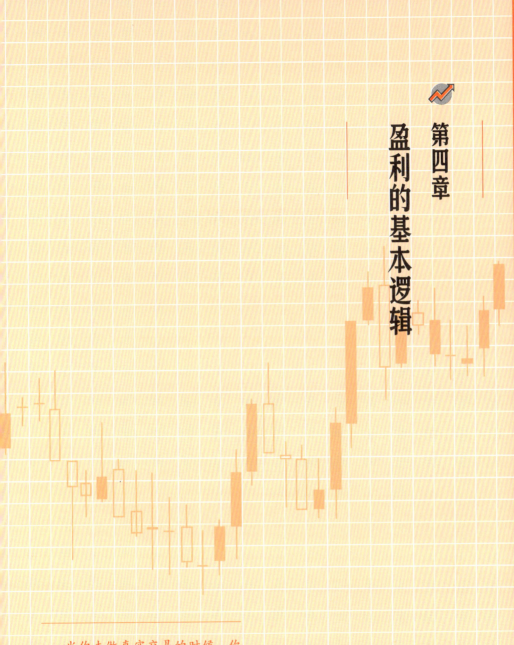

当你去做真实交易的时候，你会发现，遇到人性中确定性思维和交易中不确定性思维之间的对抗，结果你没有办法有效执行已经学过的交易技术，包括止损、止盈，不知道从哪里下手。

一、不确定性是交易的核心认知

很多人在学交易的时候有一个误区——以为只要学了别人某项比较成功的技术，就 OK 了，可以拿来直接用。这想法是不对的，大家没有办法做到。究其原因，这是人性的确定性思维和交易游戏不确定性之间的对抗，这两者之间是对立的，很多人把大把时间消耗在这种对抗里面，不断纠结、痛苦、迷茫，等等。

所以，在学习交易的过程中，大家首先要知道交易游戏是不确定性的，这是一个核心认知。因为不确定性，我们在交易的每一个环节里面就是没办法落地，没办法在每一个位置依葫芦画瓢去执行，不管止损、止盈，都没办法有效地去执行。别人的技术再好，到自己手上就没办法执行，并且会出现各种各样的问题。不少人做交易也有十来年了，但是一直在犯重复性的低级错误，一直没走出迷宫。

可见，要做好交易，就应知道这个非常核心的认知，并且一直在想办法解决这个问题。哪天你们真正理解了交易的不确定性，才能从这个非常混乱的状态里面跳出来。

很多初学者刚进入这行的时候，就抱着确定性思维，想通过不断的学习，寻找各种确定性的交易技术，完善自己交易的方法。这个过程，其实就是想找确定性，给交易上保险。但是技术根本就没有确定性，交易本质上是一个概率游戏，这种努力就是徒劳。

今天，我们先从技术确定性的思维里面跳出来，重新审视交易，看看它究竟是怎么一回事。

举例来说，现在有十个能盈利的人，他们的技术肯定是有差异的，即使同样做日线波段交易的人，他们使用的技术也都不一样。我至今还没见过两个用完全同样的技术去做交易的人，包括学动量技术的人，最后执行也不可能是百分之百一样。为什么会不一样呢？因为交易本来就是模糊的，是变化的，是不确定性的，我在上一章提到它就像一条变色龙一样，是很不靠谱的。

我们在这个核心认知上，一定要多思考，十个能盈利的人，虽然采用不同的技术，但是他们最后都能够盈利，背后的共同点是什么？那些赔得很惨的人，他们的共同点又是什么？

这些，我认为是最核心、最重要的，一定要先搞明白。

二、亏钱人的共同点

大家想想看，有十个亏钱的人，他们的共同点是什么？这十个亏钱人，和十个赚钱的人有什么区别？

十个亏钱的人和十个赚钱的人，他们采用什么交易技术先不管，先从技术里面跳出来，看他们的交易结果。

每一笔单子，要么小亏或小赚，要么大亏或大赚，基本就这四种情况（如图 4-1）。亏钱的人大部分盈利曲线是：小亏到小赚，最后到大亏，当然中间也有大赚的时候。

来看资金曲线，如图 4-2，小亏——小赚——大亏的曲线大概是这样的。

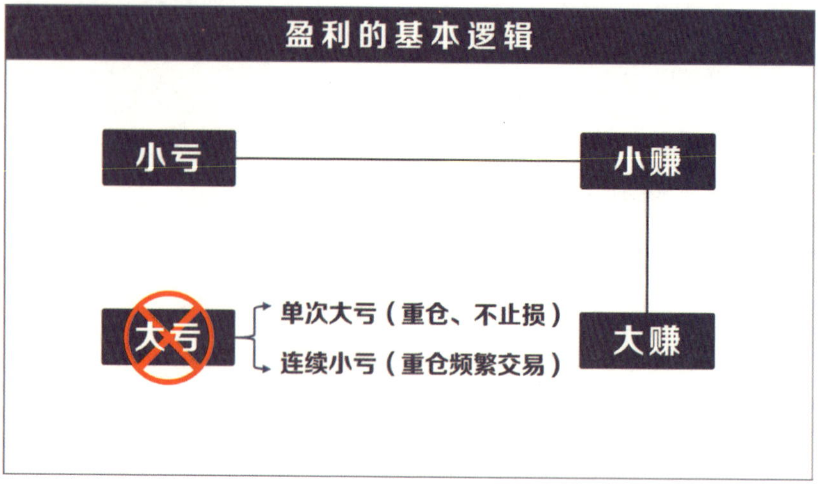

图 4-1　盈利的基本逻辑

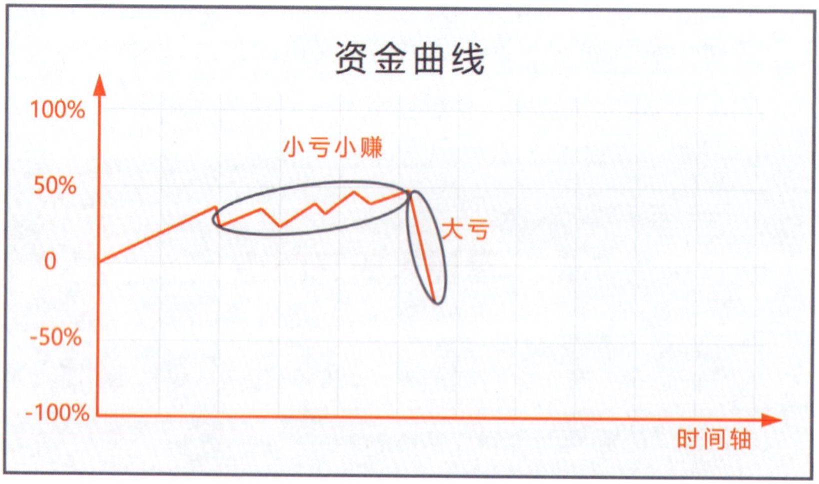

图 4-2　小亏小赚——大亏的资金曲线

还有一种人是小亏——小赚——大亏，然后再大赚——大亏，这种人的资金曲线如图 4-3 所示，曲线总体是向下的。

这就是亏损人的共同点，不管他用什么样的技术，最后的共同点就是这个样子，以大亏收场。

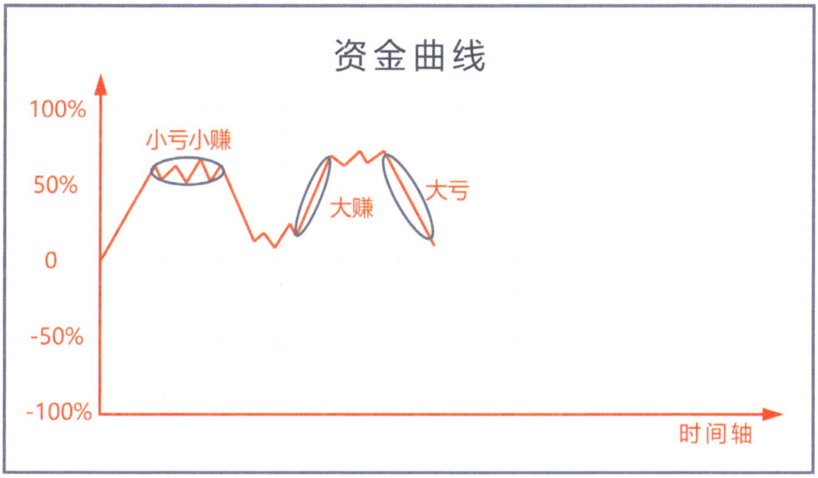

图 4-3　大赚——大亏的资金曲线

三、赚钱人的共同点

赚钱人的共同点是什么？他们有小亏、小赚，还有大赚，或者即使没有大赚，一直保持小亏、小赚，赚的比亏的多一点，他们交易的共同点，肯定没有大亏。

因为交易不管是小亏、小赚，还是小亏、小赚、大赚，但是中间你只要有大亏，你的资金曲线就会向下走。

如图 4-4，能赚钱的人，正常盈利的资金曲线是这样的，小亏——小赚——大赚，他们的资金曲线总体是往上的。

假如把交易当作一个企业的话，那交易的资金曲线相当于企业做一个产品。一个合格的产品，它应该允许上上下下，在一定范围内正常波动；但是有一天，某个产品的质量“刷”地突然下跌（如图 4-5），这样的产品就不合格。

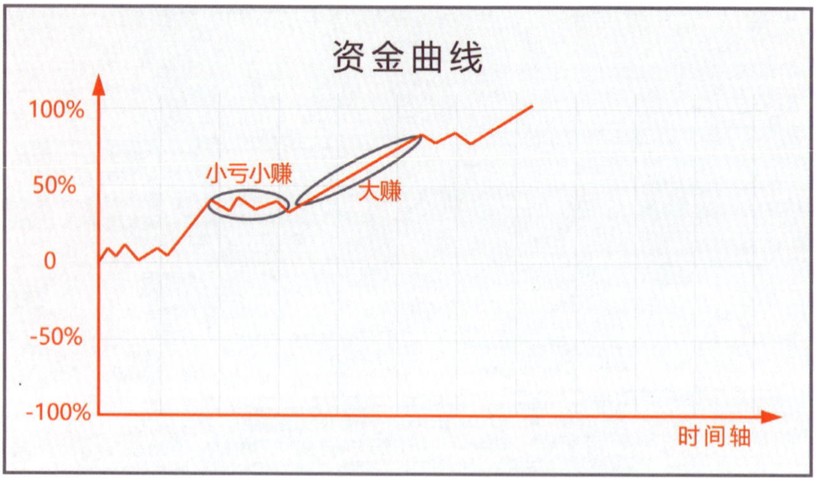

图 4-4　小亏小赚——大赚的资金曲线

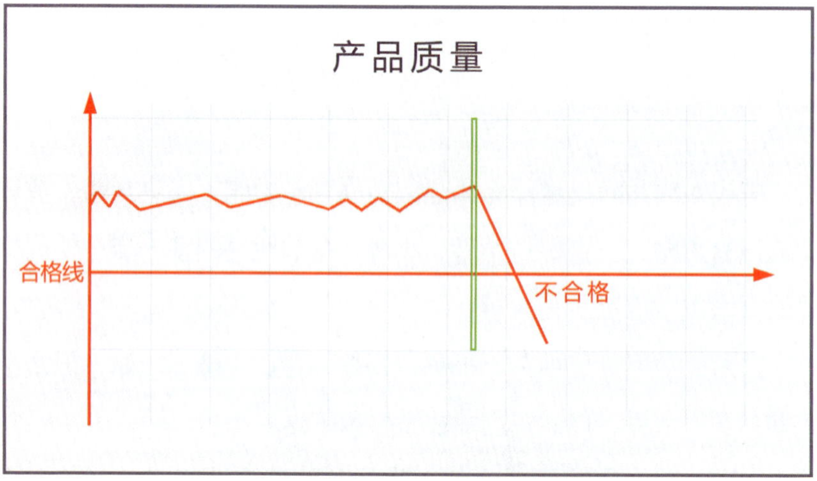

图 4-5　产品质量走势

明白了这个之后，你们学交易，不管学什么样的技术，你们第一步要做的是：一定要把大亏在你们的交易里面抹掉，理念上就不能有大亏！如果这个问题你们控制不了，说实话你们怎么学都不行。这个理念与技术没关系，用任何技术，都会出现大亏。

理念上不能有大亏，对这个理念要有深层次的理解，否则就会出现这样那样的问题。你们的观念里允许大亏，实际操作中就不能避免。

所以，学习交易的第一步，一定要去解决大亏这个问题，要从观念上消除它。

四、出现大亏的原因

进一步分析，出现大亏的原因是什么？

一般来说，出现大亏的原因有两种（回看图 4-1）：第一个是单次的大亏，第二个就是连续的小亏。

单次大亏的模式是重仓且不止损。重仓不止损的情况下，交易一次，结果有如直接打断你的腿，或者干掉半条命；尤其是做期货，前九次都赚钱，最后一次一把全亏空，甚至还要负债（因为有杠杆操作在里面）。这种情况叫单笔大亏。

连续小亏，不断下挫，它呈现的模式是重仓频繁交易，虽然单次亏得不算多，但是你重仓又频繁止损，连续亏损，累加起来同样造成了一个大亏。

为什么会出现这两种大亏？**第一，你追求盈利总想一把赚个大的，所以有单次大亏；第二，你对交易不确定性没有深刻理解，总以为能扭转过来，结果造成了连续小亏。**前面讲过，如果我们真的用赌博思维去看交易，它就是个概率游戏，有输的时候，有赢的时候，而且输的时候居多。如果我们对这个认知没有深刻理解的话，我们总会觉得会有一只股票看得特别准，可能听了某个小道消息或者基本面出现某种利好，觉得这个目标确定性非常高，应该能百发百中。“可能”“觉得”，我们很多人就是抱着这种心态去做交易的，你一旦觉得这一把必胜，就会重仓去做，但十赌九输。

单次大亏的原因是重仓不止损，那么重仓又是什么原因？

第一个原因：对不确定性没有深刻理解。想解决这个问题，一定要用赌博思维去看交易。你想想进了赌场，肯定不敢说这一把一定会赚，肯定是有赚有赔。

前面说过，交易里面的每一个环节、每一个问题，当你们深入进行拆解和分析的时候，一定要用赌博思维看待每一个问题。这时候看得清晰，你才可以从人性固有的确定性思维里面脱离出来，重新去看交易，拥抱不确定性。

第二个原因：重仓的话，你肯定只想追求盈利。不管行情怎么样，你一心只想赚把大的，这个想法是不对的。很多时候，物极必反，你越想盈利，反而追求不到。行情怎么走，盈利有没有胜算，你说了不算，要听市场的。做交易就想追求盈利，世上没有这样掉馅饼的好事。你一定要深刻理解交易这件事，它的本质是不确定性，盈利也是不确定的。盈利是靠行情给的，行情能走出来，你自然有赚头；行情出不来，你自然要亏损。所以，你一味去追求盈利是没有意义的，你也追求不到，它就是个赌博游戏。

五、交易者怎么做才能赚钱

在这个不确定性的游戏里面，交易者怎么做才能赚钱？

交易者唯一能控制的就是自己的亏损，只能做这一件事，其他事真的是控制不了，你只能听天由命。

当你有追求盈利的想法，总想一把赚个大的，这种确定性思维产生的时候，你就会重仓甚至全仓，还不止损，因为觉得这一把肯定能成功。当然你某一次这么拼，确实拼对了，赌对了，可这只是一次碰上运气好而已。概率游戏会存在这种情况：交易最多就是对错各半，错的时候居多数。比如你要投骰子，你想投三点这个数，可能 1 次就中，也可能要 6 次才能中，不中的概率要大得多。所以你只要重仓交易，那你一定会出现一次大亏的情况，特别是在不止损的情况下，一次就让你亏完。

这个道理你一定要深入思考，因为这个认知，它确实是一个抽丝剥茧、不断深入人心的过程，是一个逐渐领悟的过程。说实话，要想完全领悟没那么容易。

不止损，又是什么原因导致的？

追到根上，还是你在抗拒不确定性。当你抗拒不确定性的时候，你就会抗拒合理的亏损。当你抗拒合理的亏损，不接受它的时候，那你肯定就舍不得止损。你舍不得止损，那就不止损了。你不止损，你运气好的时候行情能回来，但只要你一直这样做，一定会出现一下子要你半条命的情况，这是个必然的结果，因为概率更大。再一再二没再三，运气好你可能一次两次三次能赌中，那后面十次八次你都能赌中吗？一定会有把你打趴下的一天。

所以说我们交易学什么，学来学去，其实就是学习交易的本质，它告诉我们怎样去理解交易的不确定性。很多人这一关没过，你怎么教他都不行。很多人说止不了损，设定条件止损后，真正到要止损时禁不住诱惑，还是没止住，结果又放水，一泻千里。撤掉止损的原因就是你抗拒亏损，让亏损裸奔。你为什么抗拒亏损？就是因为你没有真正理解不确定性。

下面，我为你引导和分析，每一步让你更加深刻地理解不确定性。在交易里面，我们要去理解这个不确定性，其实小亏是没问题的，因为交易嘛，不管你用任何技术和方法，都有成功概率，有涨有跌，只要你不是大亏。即使小亏小赚，只要一直坚持，让曲线总体上扬，总会有让你有赚的时候，你只要坚持做顺势交易，平时小亏一点，还会有大赚的时候。小亏对你的交易没有致命性的问题，即使连亏几次，你还会有一把赚回来的时候。

问题就是我们抗拒亏损，可能不止损，特别是当你一心追求盈利和觉得有确定性的时候，还下重仓，那这半条命很快就没了。

可见，我们的核心是要避免大亏，可以接受小亏。

怎么接受小亏？

我们要理解交易是一个概率游戏，那这个概率有多少呢？像我这样有着多年交易经验，都觉得自己的交易方法一般的情况下也就是30% ~ 60%的胜率，大部分时间可能只有30% ~ 50%的胜率，也就是说十次交易里面五至七笔的交易是要被止损的，这是我们的宿命啊，我们在这个地方一定要认命，接受亏损！

当你对亏损认命了，你也就不会去抗拒它。当你发现真的可以接受这个事实的时候，结果反而没有你想象得那么恐怖。因为小亏嘛，你亏着亏着，总有盈的时候，下一把就可能赚回来的。

六、交易游戏的怪圈在哪儿？

交易的怪圈，就是抗拒亏损。没有办法接受小亏的时候，交易就没有办法有效进行。当没有办法有效进行交易的时候，它的概率特征、概率优势就没有办法得到体现，就不能得到一个有效的交易体验。

我认为，不管是正向反馈还是负向反馈，它们都算有效的反馈。只要是有效反馈，都会有改进交易的行为，根据需要调整朝左还是朝右。当抗拒亏损的时候，你没有办法有效地去执行，根本就得不到有效的反馈。当所有的反馈都无效的时候，那你的交易就会一直在那打转，一直得不到有效改善，于是常做常亏，这是一个很常见的现象。

前面说过，交易里面还有一种大亏的模式就是连续的小亏，原因就是重仓频繁交易。这也有一个逻辑认知在里面，重仓且频繁交易，连续小亏就是大亏，我们前面已经分析过了。它还有两种情况：第一，你认为这个地方确定性好；第二，你要追求盈利。但请牢记：交易是一个控制风险的游戏，它不是一个追求盈利的游戏，你要追求重仓盈利，其结果就是南辕北辙，适得其反。

能盈利的人，他一定会控制风险，肯定不是一味地追求盈利，只追求盈利最后一定就像我们开车一样，不断地追求高速度，猛踩油门，停不下来，最后的结果必然是车毁人亡。这个比喻交易者一定要永远牢记在心里，作为交易的警戒！

那么频繁交易如何止损？如何防止连续亏损呢？本章留个小尾巴，大家可以思考一下。

本章总结：

1. 我们已经找到了单次大亏的原因是重仓不止损；还有连续的小亏，是重仓频繁交易导致的，属于大亏；轻仓连续小亏问题不大，只要控制好风险，还能赚回来。

2. 要深刻理解交易的不确定性，不能抗拒亏损，而是允许波动性亏损，及时止损，防止交易怪圈和大亏出现。

扫码观看李小军老师讲解盈利的基本逻辑

扫码观看李小军老师讲解交易创伤恢复机制

第五章 止损：创伤恢复机制

如何防止频繁止损？首先你得有频繁交易，才有频繁止损，这个逻辑肯定是没错的。我们先把逻辑明确，再说交易的创伤恢复机制，明白这个之后，频繁止损的问题自然就解决了。

一、交易的创伤恢复机制

前一章我们留了一个小尾巴，就是怎么解决频繁止损？

大家先要明白一件事情，证券市场的交易，总和正常人的心理机制不同，交易的时候总显得很别扭，这就是所谓的反人性，为什么会这样呢？原因是我们看事情不到位。

很多人有一个错误的观念，认为做任何事情包括交易在内，想要做好，必须要把自己训练得心如磐石，克服自己人性的弱点。

这个观点我个人是非常不赞同的，我觉得江山易改、本性难移，人的性格这一辈子都很难改，我们做任何事情都应该顺应人性，不要试图去挑战人性。中国上下五千年，能挑战人性的人物有几个？能挑战成功的人又有几个？柳下惠算一个吧，坐怀不乱，为什么大家记住了他呢？说明能做到他这样的人太少了。现实中，我们能做到这样的又有几人？所以大家不要去挑战人性。

交易止损，你要明白一个道理，每一次止损对内心都是一次创伤。人心都是肉长的，没听谁说亏钱很高兴，除非是傻子。亏钱后，心里肯定不舒服，因为丢钱了嘛，理论上人人都不想吃亏。虽然古人说吃亏是福，那只是在为人处世上做出让步，是一种谦让的姿态，目的还是为了后面有福。换成交易来说，我们要知道，今天止损吃亏，也是小亏，是为了明天获得更大的利润。

记住，交易及时止损，是为了获得明天更大的利润。但是当你没有形成交易认知的时候，没有经历过多次交易起伏，这个话对你没有任何意义。新手一上来就跟他说止损，他就急，认为要挡他财路；只有当你交易后有亏有赚，真正体验过长时间的盈利状态时，你才会明白这个道理。再说止损的事，稍微一说你就明白了，不会抗拒，而是很好地接受。

不管怎么说，我们必须承认，止损对我们的心理是一次创伤。如果我们的身体受到伤害了，创伤恢复是不是需要时间呢？虽然不会马上好，但给它一定的时间，伤口是一定能长好的。不管在生活中还是在投资交易中，有些人受到伤害，总想通过自己的毅力去克服，还像没受伤似的猛干，这不符合自然规律，会带来更大的伤害。假如你的腿断了，需要治疗和休养，伤筋动骨一百天，大家很容易接受这事实。知道有伤还硬干，不给恢复期，这条腿可能会残废。

我们从小受到的教育，是要做一个坚强的人，这属于意志的培养，没什么问题。但只要意志坚强，就无所不能，这种观念是不对的。无论是我们的身体，还是心理，受到创伤都是需要时间恢复的。所有的亏损对我们的身心都是一次创伤，这点明白后，大家想象一下，交易大亏相当于伤筋动骨，有如直接砍断一只胳膊或一条腿，这时候应该怎么办？这时候最好的办法就是休息疗伤，停止交易，等你的胳膊或大腿治疗好了，再去工作。重新交易，道理完全一样。

二、大亏之后怎么办

对于身体上创伤需要修养的道理，大家都很明白。但一到做交易时，多数人又手足无措，不能贯彻已经学过的知识。明明亏了，心已经在滴血，但还要硬撑着继续交易。大家犯糊涂的原因，跟我们从小接受的理念有关系，承认自己脆弱好像很难，还要装着很坚强的样子，就是死要面子活受罪。这实在要不得，尤其对于交易者来说。

大亏之后，我们一定要停止交易，要休息，好好地休养生息！很多人大亏之后不服气，还要战斗，他本来断了一只胳膊或一条腿，却还要去拼杀，直到最后弄得倾家荡产，还不服气。

再说小亏怎么办。小亏相当于你的手被割破了，只要给它一点时间，好好疗养，很快就会恢复的。但是在交易中，别以为小亏损不重要，你频繁小亏，就会造成大亏。

我们再从交易模式上分析亏损，主要来看波段交易和短线交易模式。

波段交易，它的天然属性是交易频率比较低。当交易频率低的时候，等到下一笔再交易，中间间隔时间比较长，即使出现小亏，因为有创伤恢复时间，所以小亏一点都没事。做波段交易，只要你没有重仓，可能等下一笔交易出现的时候，前面的创伤已经痊愈了，你只要别在同样的伤口上再增加伤口，一般是能扭转过来的，至少不会造成连续的小亏。

短线交易，它的天然属性是交易频率比较高。只要做短线，交易频率必然会高，这是没有任何办法避免的。遇到不利行情的时候，必然会出现连续小亏。很多人在短线交易中，想通过提高自己的所谓交易水平、技术，来解决这个问题，你觉得可能吗？

不可能！你没有任何办法避免它，只要你做短线交易，它一定会出现这个问题。你知道连续的小亏，就是不断地累加伤口，最后会导致伤口感染化脓，带来重创，这是一个必然的结果。短线交易就是如此，想通过研究技术来解决这个问题，是不可能的，如果短线再加重仓，就必然会出现大亏。

第四章已经剖析过重仓和频繁交易了，我们这里就重点剖析频繁止损的问题。只要你频繁交易，必然带来频繁止损，频繁止损就会带来连续的小亏，问题越积越重。身体某个部位感染化脓，跟心理抑郁加重是一样的，身体问题能看得见、感觉到，但是心理有问题不好发现，很多人是不愿意承认的，有时候还故作坚强。事实上，不管承不承认，频繁止损就是会造成心理创伤，它就在那里，只要做，就会越积越大，伤害越来越严重。

三、怎么解决频繁止损

交易中，很多人想做短线，那怎么解决频繁止损呢？

如果你的交易模式是短线频繁交易，你的连续亏损是没有任何办法避免的。只要做这类交易，你就会出现连续小亏，就像被连续捅了几刀之后，你一定不能让伤口发展到感染化脓的阶段。解决这个问题唯一的办法，就是限制当天最大亏损额，或者限制当天最多亏损次数。

我以前做过短线交易，我那些短线交易做得好的朋友，他们都是亏损到一定程度或次数后就停下来，目的是什么呢？就是创伤恢复，这是一种心理修复！等恢复完后再去工作，就这么简单，而且只有这个办法。试想，止损的“伤口”已经感染化脓了，你还在这儿继续战斗，战斗到最后有可能手脚都动不了，会出事的。

亏损金额或亏损次数到一定程度上停下来，从逻辑上讲是非常正确的方式。从我这么多年的交易经历来说，你想通过提高技术改善是无解的，最有效的办法就是停止交易，休养生息。你可以去了解，身边很多短线交易的训练，短线交易的团队都是这样做的，他们还有专门的风控团队，只要今天亏损到一定额度或次数，就强行把你的账户停掉。甚至直接拔掉电源线，不允许再做交易了。其实这样做的效果非常好。但是，如果你没有从创伤恢复机制角度去理解这个事，还以为是跟你对着干，那就是大错特错了。我从这个角度带大家去理解这个事，也是解决上一章留下的那个尾巴——**怎么解决频繁止损问题，最好的办法就是到一定程度就坚持停止交易。**

其实，说一千道一万，正常的交易亏钱真的不重要，也不可怕，最可怕的是连续亏损后的心理失衡。心理失衡造成“伤口”化脓感染，这是很可怕的。所以有很多不成功的交易员，他们有很严重的心理抑郁问题，就是这么来的。

一定要承认亏损会造成心理创伤，人心都是肉长的，亏得多谁不心疼？我们先要承认人性，不要故作坚强，不要为难自己。如果大家做交易做得天天痛苦不堪，不仅亏钱，身体也会出大毛病，那你们说做交易有什么用呢？不如赶紧停掉，回家种地去。

我们一定要顺应人性，让交易变得轻松，这才是交易人应该追求的一个目标。

本章总结：

1. 每次止损对我们的内心都会造成创伤，要了解创伤恢复机制。

2. 小损，是为了明天有更好的回报。大亏之后一定要停止交易，休息。

3. 频繁交易，带来频繁止损，累心累身，最好的办法就是到一定程度就坚决停止交易。

第六章 进入有效学习阶段

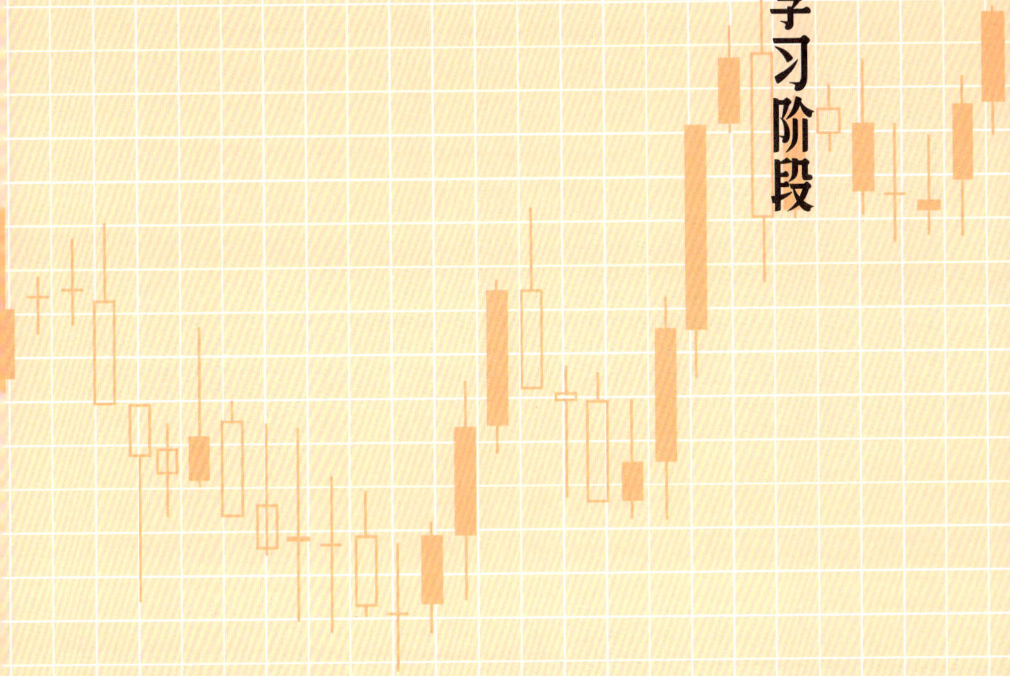

前面几章内容，我们翻来覆去讲了交易的一些基本理念和原则，加强了对交易认知和本质的了解。这些内容，主要目的就是为大家从无效学习进入有效学习做好铺垫。

一、学习是为了解决根本问题

从无效学习进入有效学习阶段，核心就是解决一个问题——对交易的不确定性的深刻认知。当我们对交易不确定性认知深入骨髓的时候，整个思维模式就会从确定性思维进入概率思维。当我们真正从概率角度去思考交易的时候，这时候我们基本上就能够进入有效学习阶段。不管通过任何方式，每个交易者，最后都要进入这个有效阶段的学习，才能够积累丰富的交易经验。

我发现身边认识的交易者，有的人可能交易做了七八年甚至十年以上，但其实根本不理解交易是个概率游戏。或者他只是知道这几个字，但在实际交易过程中，没有去应用这个思想。这意味着什么呢？意味着他对概率理解不深刻，浮于表面，依然可能是确定性思维占主导。

前面我们讲过，交易的本质很像赌博游戏，首先要树立概率这样的观念（即认知），用赌博思维去思考交易问题（尽管交易和赌博具体来说并不完全一致，但本质是一致的），懂得有输有赢，这点非常非常重要。赌博游戏的特征就是不确定性，如果我们对这一点有了深刻认知，做交易就不会出大问题。

不久前，一位交易者跟我说，花生期货上涨趋势性非常明确，他要重点去做花生品种。这句话，大家觉得里面隐含了什么意思呢？我来说一下，他隐含的是对花生行情未来走向的判断，即上涨趋势，而且这个判断非常肯定。当他一旦进入这个确定性思维的时候，对其他因素已经不管了，他就想上去赌一把，而且是冲着盈利去的。没过几天，他跟我说，心情不太好。我问他是不是花生没弄成啊？他点头，没做成功，情绪低落。

为什么交易会出现这样的问题呢？

这是因为，不成功的人，以确定性思维先入为主。当你深刻理解交易是一种不确定性的游戏，它的表现形式是一个概率特征，就不会对某一个行情或品种用情太深。即使看它涨得很好，明天也可能直接掉下去，无非就是输了，对不对？如果我们有概率思维的话，对每一个行情或品种就不会和它深度“谈恋爱”，我们可能会在某些时段里会有一个侧重点，喜爱 A 远离 B，而在另一个时间段里会喜爱 B 远离 A，我们永远不能把所有鸡蛋装在一个篮子里面。

现在市场上有三个品种看多，假如使用我的交易方法，采取概率思维的话，应该采取概率分布操盘，把每一个品种平分，各 33% 的仓位。用概率思维思考问题，就是永远不能确定他们三个谁能成。如果你把宝押在一个上面的话，那如果另外两个走出来，第一个却没走出来，那就全押错了。但是如果把宝平均押在三个上面，因为仓位减少，只要有一个能成，哪怕另两个被止损，至少不会亏太多钱，总体上还可能赚一些钱。

当然，如果确实有一些比较明确的依据，觉得另外两个可能相对会更好一点，那你要怎么处理呢？一个有效的操作，就是这两个比较明确的给 40% 仓位，不明确的给 20% 的仓位，可以稍微有所侧重，并在实践中略加调整，但是永远不能只把宝押在一个上面，这就是概率思维。

如果你接受了不确定性，习惯使用概率思维去思考交易的话，面对这样的选择时，你会自然而然地用正确的方法操盘。

二、思考交易的模式很重要

交易中，思考问题的模式很重要。很多人面对三个不同的机会时，他总想下判断，这种判断是对行情的期望，而多数期望只是幻想，根本就不是事实。当然，运气好的时候，你选的方向正好符合趋势，做对了，这时候会觉得自己水平很高。我认为不见得，这一次只是运气好而已，或者叫幸存者偏差。

我们知道，一个赌博游戏有不确定性，是一个彻底的概率游戏。既然是概率游戏，它最后的落脚点就是一个公式，即胜率和盈亏比的关系。

交易的资金曲线和这个公式有关系，说一千道一万，不管用任何技术去判断和分析行情，最后落脚点就是资金曲线（也是最后的结果）。我想对大家说，你能不能盈利，和这个公式有很大关系！

什么叫无效学习？

很多人做了五六年、七八年的交易，还像喝醉酒一样迷迷糊糊的，还没走上正道。说实话，交易行为是不可捉摸的，今天和明天都是随机状态，它随时在变，技术也在升级换代。所有的东西都是变化的，那怎么去总结胜率和盈亏比呢？很多人就在这个状态里面打转转，交易学习呈现的是一种无效的状态。

什么叫有效学习？

当你跨越了对不确定性认知的障碍，认识到这是一个概率思维，你的落脚点到了这个公式上，说明你是真正在研究它。这时候，你就进入一个有效学习阶段。

这就是我们设置前面所有章节的目的，一直在为大家打通这个大障碍，让大家深刻认识到交易是一个概率游戏，具有不确定特征，你没有办法通过研究技术找到更多的确定性，钻牛角尖是死路一条。

当你深刻认知到这一点之后，从概率上去思考交易，最后落脚点到盈利系数的公式——胜率和盈亏比。恭喜你，你开始正确研究交易了，从此进入了有效学习阶段。

三、胜率和盈亏比公式

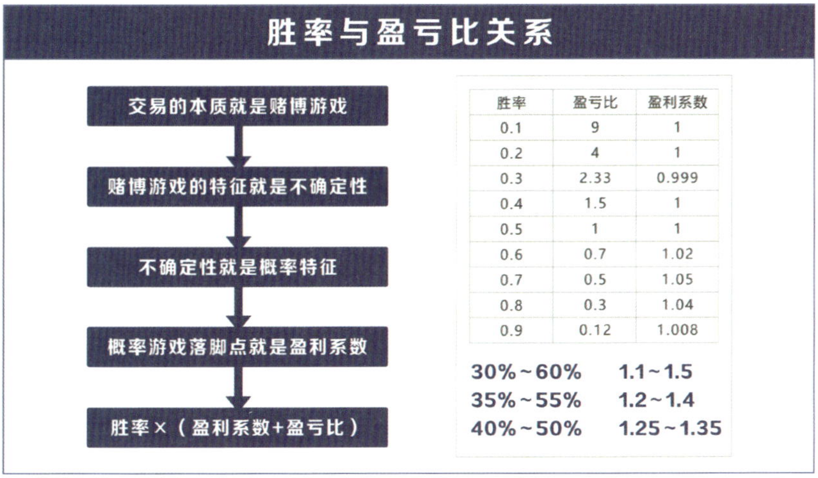

图 6-1　胜率与盈亏比关系

图 6-1 表现的就是胜率和盈亏比的关系。

很多人交易学了七八年，开句玩笑就是学了个寂寞。交易的核心指标——你的资金曲线就是由盈利系数决定的，但是你连盈利系数的概念都没有。我们来看图 6-1 上面的数字，可能真的和大家的感觉不一样，我问过很多交易五年以上的人，他们对表格中的数据怎么出来的，完全没有概念。

我把这个盈利系数单独摘出来，做成图 6-2。请看第一行，盈利系数是 1，这个公式我们先不算手续费，如果盈利系数是 1 的话，则刚好进入盈亏平衡点。

胜率	盈亏比	盈利系数
0.1	9	1
0.2	4	1
0.3	2.33	0.999
0.4	1.5	1
0.5	1	1
0.6	0.7	1.02
0.7	0.5	1.05
0.8	0.3	1.04
0.9	0.12	1.008

图 6-2　盈利系数简表

第一行中，胜率 0.1，我们的盈亏比要达到 9。

公式：

胜率 ×（盈亏比 +1）= 盈利系数（盈亏平衡点、落脚点）

0.1×(9+1)=1

这个公式很多人都是搞错的，多数是用胜率直接乘以盈亏比，0.1×9=0.9，没有达到盈亏平衡点，出现了偏差。

如图 6-2，交易的胜率，一般情况下在 0.3 ~ 0.6 之间，低于 0.3，盈亏比是急剧上升的，胜率越低，盈亏比越大。盈亏比的急剧上升，导致盈利系数往往要大于 1。

正常来说，我觉得0.3的胜率，基本上就是一个交易系统的极限值。通常来说，胜率低于0.3。第一，你的盈亏比例需要急剧上升（胜率0.3，就是做10笔只胜3笔，想要总盈利，胜的3笔盈利极大，才能覆盖住7笔亏损且有盈余）。第二，胜率太低的话，交易执行的难度会非常高。结论就是不要看胜率0.3以下的，这之下的遇到连续亏损的次数超过我们一般人的想象，你很难再坚持有效地执行你的方法，我觉得太挑战人性了。

虽然我们明白它是个概率游戏，虽然数学逻辑上说胜率0.1、盈亏比9能够获得正向的盈利，但是太挑战人性了，我们还是要尽可能地去顺应人性。

胜率上限我觉得就是0.6，也不要太高了，因为交易到一定的层面之后，你要追求更高的胜率，难度也是非常大的。假如说我们的胜率太高，其实需要的盈亏比是非常低的。

盈亏比非常低的话，挣得就太少了，还会导致另一个问题，你的单笔亏损额放得相对于你的盈利来说比较大。面对大的单笔亏损，会对你执行交易的心理冲击力较大；如果把单笔亏损控制得很小，那单笔盈利也同样变小，就不是很划算。

能够让你保持心态平和的交易方法，才是最好的方法。不管你的仓位是轻是重，这都没有严格的标准，但是一定要让你的心态处于一个平和状态，交易才不会变形。

当然，有的人胜率处于0.1和0.9两个极端也能执行，他们的盈亏比要么太大，要么太小。比如一次亏个十万大的，一次只赚一万小的，虽然单次亏得多，但是他是长时间里亏一次大的，小赚次数多，加起来赚得比亏得多，这样能执行也没问题。我要强调的是，大部分人心理承受力，就是胜率在0.3～0.6之间，最合适。

如果胜率 0.3 ~ 0.6 再收缩一点，比如在 0.35 ~ 0.55 之间，很多趋势跟踪的方法，基本上就是在这个区间里。还有一个更窄的区间，就是 0.4 ~ 0.5 的胜率区间，在这个区间里，大部分人执行交易是非常舒服的。

四、盈利系数如何计算

上面，我从数据上给大家做了一个展示，大家研究交易方法，基本上就是用这个区间去做交易，相对来说体验感会比较好一点。但不是说它是绝对化的、盈利最多的，我只能说这个概率分布的体验感，是相对好的。

前面说了胜率、盈亏比的问题，对胜率和盈亏比关系有了初步理解。当胜率确定之后，最后还有一个盈利系数要搞明白。它是如何计算的呢？如图 6-3，假如说你的盈利是 100 点，你的亏损是 60 点，盈亏比大致是 1.6∶1（盈利 100/ 亏损 60= 盈亏比 1.667）。

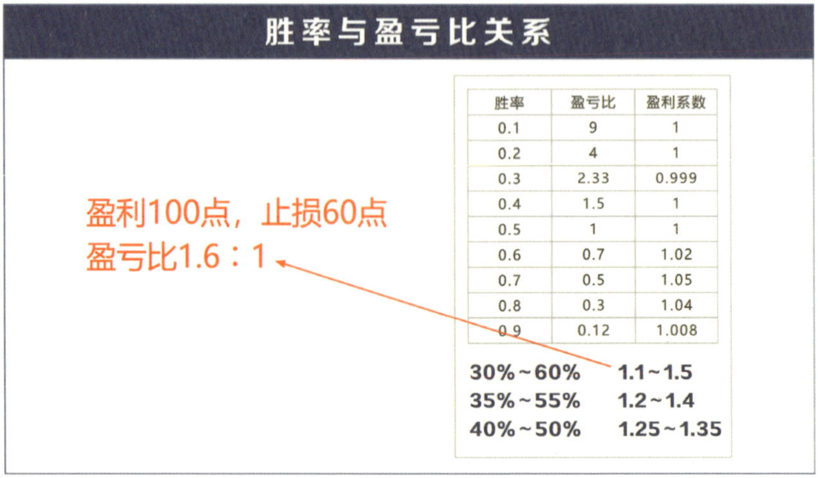

胜率	盈亏比	盈利系数
0.1	9	1
0.2	4	1
0.3	2.33	0.999
0.4	1.5	1
0.5	1	1
0.6	0.7	1.02
0.7	0.5	1.05
0.8	0.3	1.04
0.9	0.12	1.008

30%~60%	1.1~1.5
35%~55%	1.2~1.4
40%~50%	1.25~1.35

图 6-3　胜率与盈亏比关系

盈利系数一般都是在 1.1 ~ 1.5 之间。

一般来说，盈利系数 1.1 以下、1.5 以上是两个极端，往极端做非常难。你不要觉得 1.1 盈利太小，其实 1.1 已经可以让你通过重复交易去盈利。只要不是非常高的交易频率，手续费占比其实还是很低的。大部分交易，其盈利系数想超过 1.5，难度也是非常高的，而且多数发生在有行情的期货领域。普通股票和期货，我们要求的盈利系数只要达到 1.1 ~ 1.5 之间就可以，要知足，想突破 1.5 其实就有些想入非非了。

很多交易方法的盈利系数，它的正态分布就是这样的。

大部分交易，如果能将盈利系数控制在 1.2 ~ 1.4 里面，更容易操作。盈利系数在 1.25 ~ 1.35 之间，就是非常优秀的交易方法，这个分布非常合理，优秀的方法就是这个状态。

如果盈利系数大概确定的话，假如说是 1.2 ~ 1.3，这时候怎么去思考盈亏比呢?

假如我们的盈利系数是 1.2，胜率是 0.4，通过公式反推，看一下盈亏比需要多少?

公式:

盈利系数 = 胜率 ×(1+ 盈亏比)

1.2/0.4=3

3-1=2

看，交易只要盈亏比做到 2 就可以了，盈利系数为 1.2。

你们看图 6-4，通过这个公式，想要得到 0.4 的胜率，盈亏比达到 2 就可以了，我们就可以获得 1.2 的盈利系数。这样的一个交易方法，加上一些调整，结果已经是非常非常好了，长期下去盈利各方面是没有任何问题的。

胜率	盈亏比	盈利系数
0.1	9	1
0.2	4	1
0.3	2.33	0.999
0.4	2 ~~1.5~~	1.2 ~~1~~
0.5	1	1
0.6	0.7	1.02
0.7	0.5	1.05
0.8	0.3	1.04
0.9	0.12	1.008

图 6-4　盈利系数的计算与调整

在研究交易的盈亏比分布过程中，这个数据能让我们做到心中有数。

图 6-4 这个数据，是我在十几年交易的时间里，通过不断研究积累总结出来的（不用你去计算）。后面你们在研究胜率和盈亏比的过程中，可以参照这些数字去执行，不要凭自己的想象再去计算一遍。因为这些数据经过我十几年的验证，它是符合市场实际的。

当然，图 6-4 中的数据不包括超短线，也不包括基本面这些交易方法，只局限于日线波段交易的大致数据分布，大家一定要搞清楚适用范围。有了参考依据，交易时才不会走极端。其他读者如果有兴趣，自己设计了交易系统和数据，可以拿到我们书友群里交流分享，并作为复盘结果的参照，看看谁的数据更客观。

我们平时做事要抓住最核心的东西，学交易也一样，资金曲线的核心标准就是“胜率和盈亏比”这个公式，这是本质的东西（关系到你的盈利）。

后面的章节我们就围绕这个公式，告诉广大交易者，应遵循什么样的进场逻辑、止损逻辑和止盈逻辑（详见第八、九、十章），此外，还应符合哪些操作标准和技法，我会一步一步讲解，一步步带领大家去实践。

本章总结：

1. 我们开始进入有效学习阶段，从一开始确立“交易的本质就像是赌博游戏”的认知，到建立起概率思维，推导出本章的落脚点——“胜率和盈亏比”这个公式。

2. 资金管理的标准就是资金曲线，它要落实到“胜率和盈亏比”这个公式上，并据此推导出盈利系数，其他都是为这个公式服务的。

扫码观看李小军老师讲解进入有效学习阶段的落脚点

交易的核心理念就是顺势，截断亏损，让利润奔跑。很多人对这个理念没形成信仰，所以他的执行逻辑，并没有体现这个非常核心的交易理念。

The core concept of trading is to take advantage of the trend, cut off losses, and let profits run. Many people have not formed a belief in this concept, so their execution logic does not reflect this very core trading concept.

第七章 交易的架构模式

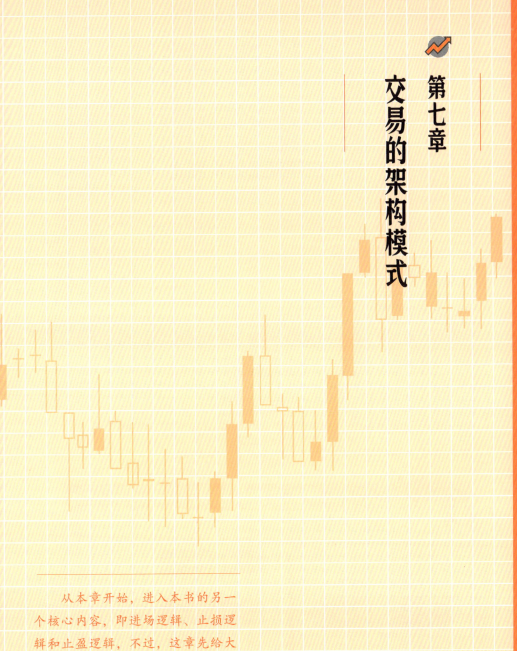

从本章开始，进入本书的另一个核心内容，即进场逻辑、止损逻辑和止盈逻辑，不过，这章先给大家呈现总体的交易架构模式，做到高屋建瓴。

一、三种交易架构模式

先做个小结，前面所有的章节，集中在讲什么呢?

从第一章到第六章，都是在讲交易的基本认知与底层逻辑，带大家进入有效学习的思维模式。有了正确的认知，进入有效学习阶段后，那就要重点关注技术和操作步骤。

第一步，要从胜率和盈亏比的落脚点去思考交易，然后建立一个具备胜率和盈亏比优势（即盈利系数优势）的交易系统。

第二步，要建立期望值为正的交易系统。

波段的交易系统，基本上有三种交易架构模式（如图 7-1）：爆点模式、线性跟踪模式（均线模式）、转折模式。

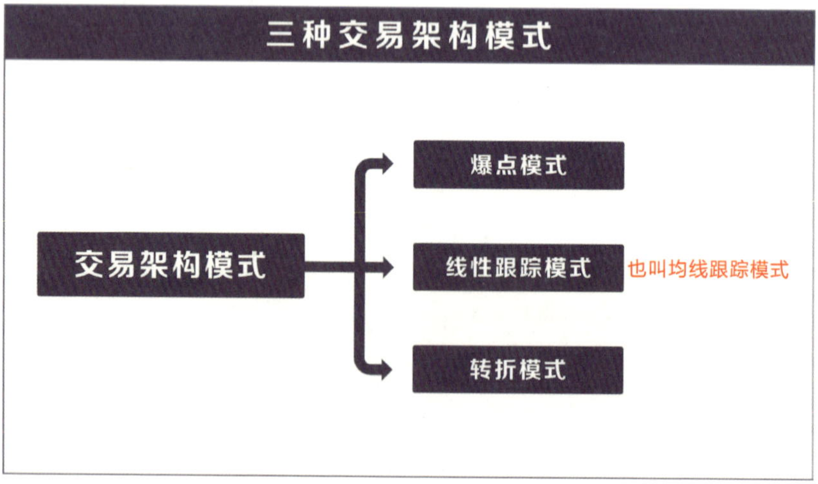

图 7-1　三种交易架构模式

1. 爆点模式

你可以这样理解：交易就是做一个突破。

波段行情盘整完之后，要在这儿做一个水平线突破或趋势线突破，这个点，就是爆点。

抓爆点的方法有好几种，可以直接做突破，或者突破之后抓回调，但是总体来说它们都属于爆点模式的分类。一般来说，行情经过了一个形态的过滤机制（震荡盘整），找出它朝某一方向运动而且要快速突破这个地方的运动模式，这种交易方法就称为“爆点模式”。图 7-2 是爆点模式的两种形态：一是平行突破，二是回调突破，都是突破了原有的阶段，都是在原有形态基础上的突破。

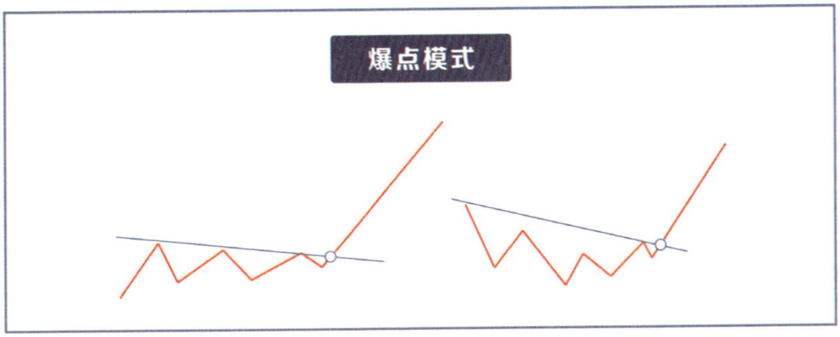

图 7-2　爆点模式

2. 线性跟踪模式

围绕 20 日均线或 30 日均线去跟踪某个品种的走势，不进行任何过滤，就是围绕这样一个价格做均线运动。因为它不进行任何过滤，只是跟踪，出现一个波动就交易。这就叫线性跟踪模式，也叫均线模式。

3. 转折模式

转折模式与爆点模式区别在哪？它们都是基于同样的图形，但是它们的操作思路是不一样的。爆点模式是看准趋势，只做突破。例如，图 7-3 中的行情，爆点模式就是抓突破点（图中两个圆点）。

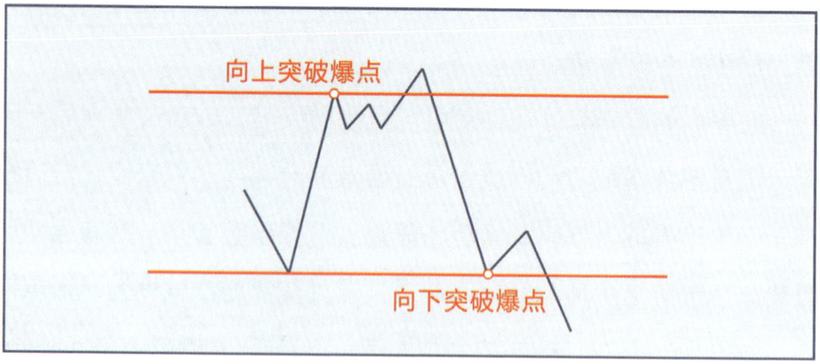

图 7-3　爆点模式中的突破

同样的行情，转折模式其实就是我们常说的 2B 形态法则。在 A 点爆点不成功（如图 7-4），突破失败了，就直接抓住 B 转折点，这个叫转折模式。2B 法则本质上是 123 法则的一种特殊形态，用来辨别趋势是否发生反转。上升趋势中，如果价格已经穿越或者非常接近先前的高点，未能持续上升，稍后趋势要反转回来，则趋势很可能已经发生变化。它是用来做转折模式的一种画图工具。

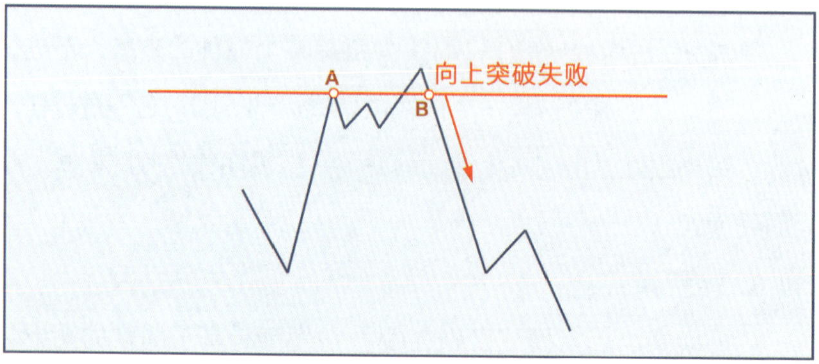

图 7-4　爆点模式突破失败

不管用什么交易技术，不管用什么样的交易模式，都是一个利弊选择的问题，总之是没有完美的交易方法。任何技术或模式，既有优点，也有缺点。

看中一个人身上的优点，才和他交朋友，这不叫真正的朋友。你知道他的优点，同时也了解他的缺点，并且还愿意和他相处下去，这才叫真正的朋友。我们交朋友，只看到他的优点，愉快地和他在一起；如果有一天发现了他的缺点时，你接受不了，很可能这个朋友就处不下去了。因为你心里面有一个完美的朋友，所以当你发现对方缺点的时候，你便没办法接受他，矛盾也就会产生。

交易也是这个道理，不管是爆点模式、均线模式还是转折模式，它们都有优点，也都有缺点。

二、三种交易模式的优缺点

下面，我们就比较和了解三种模式各自的优缺点：

1. 爆点模式的优点

爆点模式肯定是用很多方法进行了过滤，然后把子弹集中到某一个点或品种上面去，等区间突破或者价格站稳在区间以外，它正在向这个爆炸式的方向发展，此时进场或等回调进场都可以。

它的优点就是当趋势集中在这个点或品种时，你可以集中火力进攻。成功后，这时候你的资金曲线会取得一个爆发式增长。

2. 爆点模式的缺点

跟线性跟踪模式相比，爆点模式有自己的过滤条件，但是这种过滤条件不一定每次都很准。如果趋势不准，你将火力集中到它上面可能就错了，这时候就应及时止损，或者做转折模式。爆点模式还有一个明显的缺点，方向判断是对的，因为选择的爆点回调较大，没有立马成功，扛不住回撤，你可能就接不上这波行情，就有可能爆仓。所以爆点模式还是很脆弱的，它的赌性很强。

爆点模式的优点是集中火力做爆发增长。它的缺点就是有概率性，有时候很脆弱，它更加依赖于你的交易经验。要了解他们的优缺点，做到心中有数，哪怕失败了，也要坦然接受。

3. 线性跟踪模式（均线模式）的优点

假如你用 20 日均线跟踪十个品种，十个品种分布在不同的板块，整体市场有多有空，你的持仓也是有多有空。如果市场朝一边运动的时候，可能你另一边的单子要么离场，要么被止损，顺着市场方向的这个品种，你可能会增加持仓。

如果市场正好是整体朝你希望的一边快速运动，你的仓位会朝这边快速加上去。市场这时候如果顺势往前一走，你就可以获得一个较大幅度的增长曲线。

如果市场是涨涨跌跌、跌跌涨涨，你的多空仓位会被你不断地倒来倒去，有时赚一点有时亏一点，资金曲线就趴在那儿不动。因为线性系统的盈利原理就是它不进行任何主观的分辨，而是拟合整体市场波动。比如说，最近一段时间市场涨几天，跌几天，你的多单可能没有达到止盈的幅度，但有可能被动止盈，只赚了那么一点点；你的空单也是这样的一个状态，那你的资金曲线可能就是赚赚亏亏，赚也赚不多，亏也亏不多，总体就是这样一个过程。假如说市场正好朝一边加速涨了，那么你的空单可能慢慢地就会止损掉，然后你的仓位可能 80% 建成多单。市场涨了一波，你的资金曲线很可能就猛涨一波。反向也是如此，这就是线性跟踪模式的特征。

4. 线性跟踪模式（均线模式）的缺点

线性跟踪模式的缺点就是它没有爆发力。因为线性跟踪模式有几个原则，就是要板块平衡、品种平衡、仓位平衡，没有突破点。

因为这种模式是用整个平衡去拟合整体市场波动的，这是它背后的逻辑思维，所以它不像爆点模式——整体市场涨的时候，抓住那个龙头，把所有火力都集中在那个龙头上面。如果龙头涨得好，这一把就会赚得比较多。线性跟踪模式的仓位是平衡的、分布式的，虽然那一两个龙头你也有持仓，但是仓位是分散的，所以不会像爆点模式一样，突破起来很好看。

相对来说，爆点模式的优点，正好是线性跟踪模式的缺点。但是你要说它完全是缺点吧，也不见得，因为它亏也不会亏到哪去。

如果你集中在一个点上去做，假如这个点没有做成功，那不就意味着你很脆弱嘛（爆点模式的缺点）。因为你的概率分布太集中了，一旦市场反向，就会一败涂地。这是它自身的一个数学逻辑上的东西，靠人力是无法战胜的。

均线模式的优点就是完全可以不依赖于经验，它的交易方法的韧性是非常强大的，比较均衡，风险被分散了，偶尔还能抓几波小突破或小龙头。所以，这种架构模式不需要经验，执行也更简单，涨跌都不大，我觉得这个方法非常适合交易新手，只需要花 3 ~ 6 个月时间，就能有效获得概率的体验感。大家要知道，**交易里面，获得概率的体验感是很重要的，是我们最后一定要走的一条路，你一定要把整个交易完整体验一遍才行**。见多识广，才可累积更多资金曲线的概率体验（如图 7-5）。

什么叫概率体验感？就是你的资金曲线“咚咚咚”往上、“咔咔咔”回落。一般的回落不怕，因为幅度不大，你不会乱阵脚。交

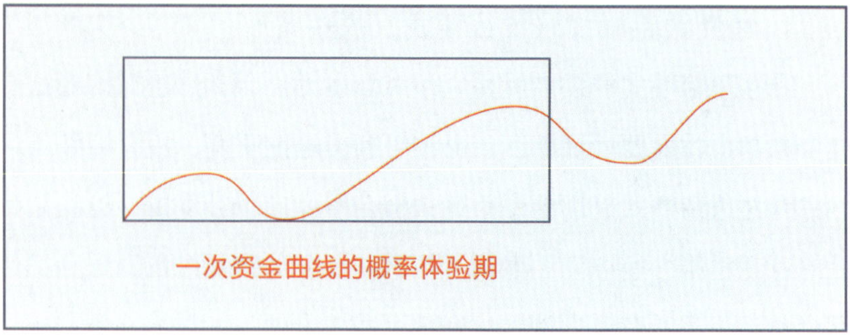

图 7-5　资金曲线的概率体验

易中，最怕资金急速下跌，这时交易者会崩溃，崩盘的时候是“咔嚓”断崖式跌落，心理承受不了。但是当你明白了前面这些原理之后，有了概率体验感，就像坐过山车，你可以较好地控制每一笔单子的亏损。当你度过不利期之后，资金就又开始创新高了。

一个交易循环周期，就等于说你获得了一次概率体验感。你知道这个交易，赚是怎么赚的，亏是怎么亏的，然后坚持下去。来来回回连续有过三次这样的概率体验经历，基本上就能对概率建立起信仰。

总结：交易的总体路径，就是要遵循相应的认知原则，建立一套符合逻辑的交易系统，通过获得三次以上的循环体验感，最后建立对概率的信仰，交易这一步就走顺畅了。

这一步走完之后，在后面的交易过程中，你还会不会出事？还能不能继续走下去？最后还需要第十二章的“心法”保护你！

5. 转折模式的优点

转折模式，我们可以把它简单理解成一个 2B 形态法则。

如图 7-6，假如这有一个双顶，你可能就在这儿直接抓，这个地方我们可以用支撑阻力去理解它，也可以理解成反向假突破。

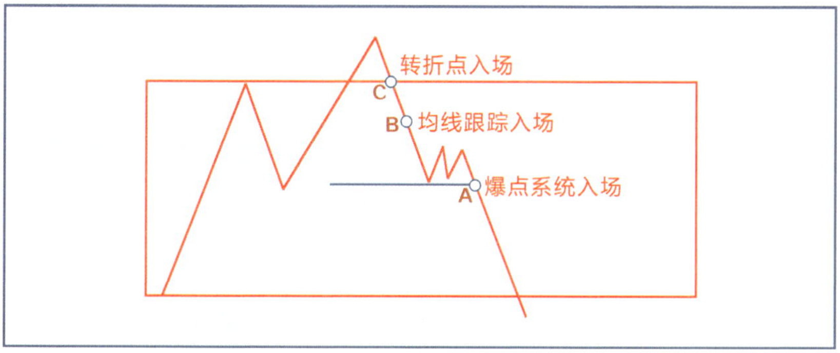

图 7-6 转折模式

上图中，转折模式的优点是能够非常及时地跟踪到趋势的转折点（C 点）。虽然行情在顶部获得了阻力向下，但是做线性跟踪的交易者，很可能是跟踪到离顶部一段距离方有进场信号（B 点）。

做爆点模式的交易者跟踪到这儿，然后等待盘整，盘整完才可能有爆点（A 点，没有盘整千万不能做突破，大概率是假突破）；要么得有特别大的周期，你才能去做爆点，行情从顶部到 A 爆点进场做空，会丧失好大一段盈利空间。

转折点的交易，它的优点就是在突破不成功时，可以抓住转折的那个点，获得非常好的价格优势。

6. 转折模式的缺点

转折模式也会面临两个缺点。

第一，你看它转折了，但不一定向下走，有可能震荡后又上去、突破了。

第二，很多时候的转折，并不是那么迅速。有些行情会直接下去，这对做转折点的人非常有利。但另有一些行情一直会在这个位置折腾，折腾很长时间才转折下去，这样就推高了交易的时间成本。

转折模式，优点就是能获得价格优势，缺点是反复折腾，时间成本比较高，不像“咔嚓”式这类爆点模式。

大家先把三种交易架构模式认真地了解一下，优缺点全面掌握清楚，后面几章，我再讲解三种交易模式具体要遵循什么样的交易原则，如何去操作。

本章总结：

本章主要讲解波段交易的三种架构模式：爆点模式、线性跟踪模式（均线模式）、转折模式，每种模式各有优缺点，要掌握他们适用的行情和时机，并正确运用。

扫码观看李小军老师讲解三种交易架构模式

扫码观看李小军老师讲解三种进场模式的逻辑

第八章 进场的逻辑解析

进场有一个非常核心的逻辑，就是在某一个时间段达到一定波幅的行情是有限的。我们首先要深刻理解这句话，这句话非常非常关键。本章就前面学过的三种进场模式分别对此进行解析。

一、爆点模式的进场分析

关于进场，要认识到波幅的行情是有限的。在这个认知基础上，我们的进场逻辑有一个基本原则——就是要尽可能地减少试单次数（如图 8-1）。

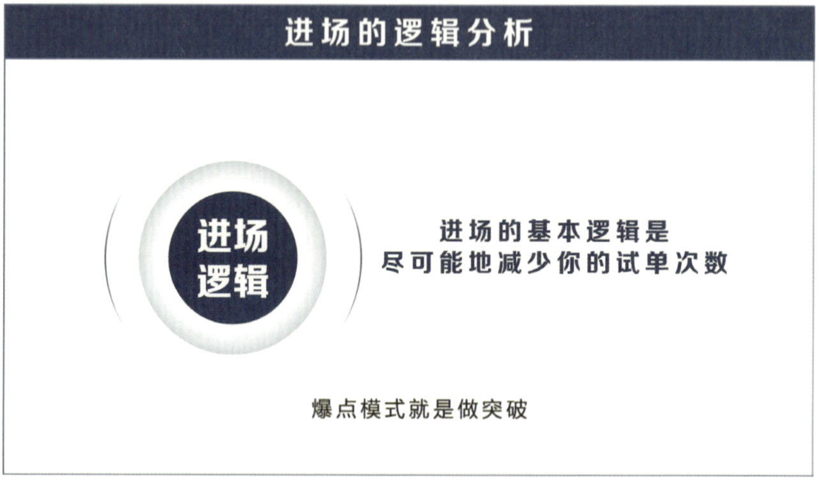

图 8-1　进场的基本逻辑

交易技术，没有绝对的对与错，十个人有十种进场模式，可能是千奇百怪的，但是不管你用哪种模式进场，最后都要遵循数学上的概率逻辑。

爆点模式其实就是做突破。我们要找一个区间做突破。假如说，我们认为可能会向外脱离这个点（A 点）出行情，常用的进场模式如图 8-2。

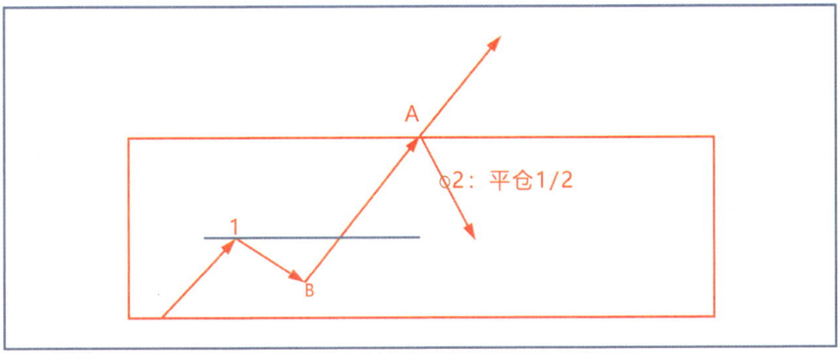

图 8-2　进场模式做突破

我们做波段交易的时候，有的交易者可能会在区间 1 点下面找机会，找到一个这样的形态，期望行情能突破往 A 点方向走。

这样操作的后续处理思路有各种变化：1 点突破完成之后，假如遇到区间上边阻碍，那么会折回 B 点，就做原价平仓处理（保本平仓）；在 2 点，可以第二天到上边沿先止盈一部分，剩下的看能不能突破，如果突破不了折回来了，在 2 点做保本平仓处理。

这些都是个性化处理，因为交易永远是有利弊的选择，没有绝对的对和错。

我们讲这个逻辑，只想把所有的路径呈现给大家，让大家对交易有一个整体的认知。学习一种交易方法，不能只知其然不知其所以然。如果不知道背后的思维模式，今天模仿这个，明天模仿那个，模仿来模仿去，你会发现自己越做越乱。

我们想一想，假如你在图 8-3 中 1 点这个地方进，必然要面对的是，行情过去之后又折回 B 点，有可能会被止损。假如我们把上边缘定义成一个日线，在日线的区间 1 点做单的话，进场的周期越小，成功率必然越低。找 1 分钟的形态去做，本单止损幅度很

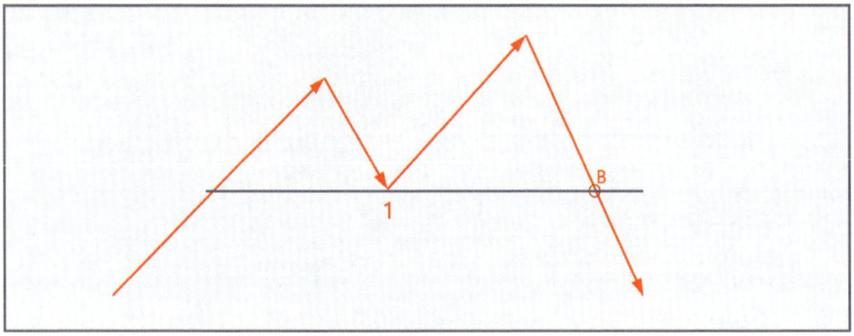

图 8-3　进场后被止损

小，成功率也会很低；如果找 5 分钟的形态做的话，相对好一点；找 30 到 60 分钟的形态做，稳定性更高。反正这样的逻辑就是：你下单的周期越小，胜率越低。但是，如果行情真的走出来了，那周期越小，盈亏比越大（即短期盈利系数越高）。

我见过的交易者用 1 分钟能做成功的人非常少。用 1 分钟做的人，其实他是完全不理解这个东西，他只是舍不得放大一点止损，追求得太极端了。说实话，这么多年我还没见过用 1 分钟做单子能成功的人，因为 1 分钟的胜率只能达到 10% ~ 30% 以下，很低，交易难度无限大。

用 5 分钟在这个地方做，做得好的话胜率可能达到 30% 多一点，但是这个胜率仍然比较低。我觉得一般人做交易 40% 以下的胜率是执行不了的。提前去做，不是不行，有人用这个方法做也是可以的。短线功力比较好的人想在这个地方做，那么我建议，你至少得看 30 分钟、60 分钟、2 小时这几个区间。

明白了这个道理的话，如果你真的特别喜欢用 5 分钟去做，研究一阵子，你会发现它的胜率很低，交易没法进行，那你可以往 15 分钟做；15 分钟还不行的话，你就往 30 分钟做；再往 1 小时、2 小时去做，挨个试。如果你还觉得太复杂，那你直接就放到日线上去做。这一下子就变简单了，日线以下就不用看了，你就在日线上找点位去做。

总之是周期越小，交易执行成本越高，因为你要盯盘；做 5 分钟图，5 分钟变一次；做 30 分钟图，30 分钟变一次；你觉得这样还不行的话，就用日线，甚至可以用周线。进场逻辑就是越大的周期，进场点越好找。

但是越大的周期也就意味着它的止损会比较大，相应的盈亏比会降低，不过胜率会提高。

研究进场逻辑，周期要尽可能往大里放，减少试单次数。我的建议，最好不低于 30 分钟区间。一般我建议大家用 1 小时区间去进场。如果你实在接受不了日线大周期的话，你就用 1 小时或 2 小时的区间去进场。

以上是爆点模式进场的第一个策略——做突破。

做爆点的第二个策略，不做突破，等它突破之后再做。这就是说，等它突破站稳了再去做。

站稳，用什么周期站稳？你可以用 1 分钟站稳，也可以用 5 分钟站稳，用 30 分钟站稳，还可以用 1 小时或 2 小时站稳，这是最合适的，你要是有耐心，还可以用日线站稳去做。

这几种周期区别在哪儿？

上面这几种波段周期，周期越大，稳定性越高，胜率越高；相反，价格优势越差，盈亏比越低。因为你的有效止损后面周期比前面周期要大，盈亏比必然会降低。但是也避免了很多假突破的损失，胜率必然会提高。

不管是什么方法，交易技术都是利弊选择，没有更完美的方法，要利还是要稳，你可以根据自己的情况做一些取舍。

等日线站稳了去做，这是最笨也是最稳的方法，也是执行起来简单到没法再简单的策略。因为盘中做突破或其他的操作都是不稳定的，只有日线是最稳定的。

做爆点的第三个策略，也是等它突破之后站稳了，后面再找回调做。注意，一定是要有回调。这种策略面临的问题是，价格突破后可能一去不回头，你要等。即便回头，价格也可能会越来越不利。这是突破之后的做法，我们暂不过多强调了。

小结：

以爆点模式做区间突破交易的三个策略：

（1）提前在日线区间里的小周期上做，要做突破；

（2）在突破区间边缘站稳后去做，比如 1 小时或 2 小时；

（3）等突破后回调再做，尽量在第一个回调抓机会。

爆点模式从区间底到区间顶再到突破，它的执行难度越来越低，盈亏比逐渐降低，但稳定性和胜率在逐渐提高，不过胜率在达到一个平衡点之后，很难再继续提高（如图 8-4）。

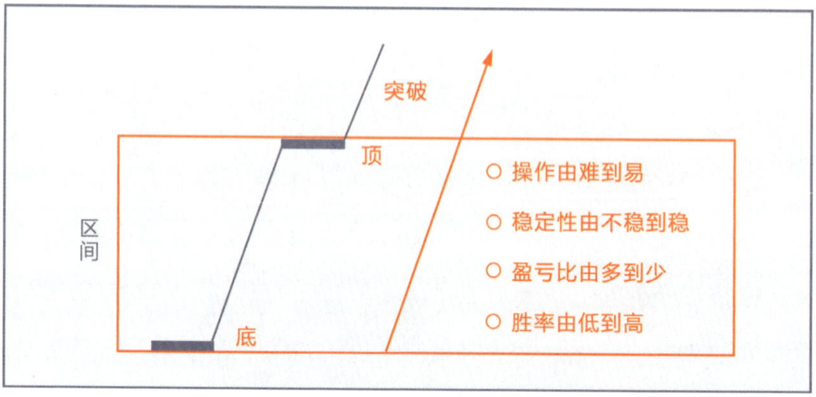

图 8-4 爆点模式的区间突破

二、线性跟踪模式的进场分析

线性跟踪模式的进场逻辑，跟之前的原理都差不多。

假如说用 30 分钟均线跟踪下跌行情，然后 K 线由下向上突破 30 分钟均线，那么你是以这个点做突破，还是等一下再往上时做突破？原理是一样的，这样做其实胜率非常低。

看你以什么样的周期做突破，比如你以日线这样做，那很可能日线都站到高处了，价格优势就不明显了。有的人以 15 分钟站稳做或 30 分钟站稳做，有的人以 1 小时站稳做或 2 小时站稳做，各有千秋。

区别在哪里？以 30 分钟站稳或 1 小时站稳做，胜率肯定要比 2 小时站稳做要低点，但是盈亏比相对会增加。周期越小，盈亏比越大，但是胜率要降低。

以日线站稳去做行不行？

说实在话，以日线站稳去做，盈亏比太低，胜率提高不了多少。我觉得这种模式以 1 小时或 2 小时去做平衡会更好一点。但是线性跟踪模式，一定要站稳后做，绝对不能提前去做，提前做就是预测市场，带有主观性。

爆点模式做突破还行，线性跟踪模式要做突破，成功率肯定没有爆点模式高，不建议做。所以线性跟踪模式一般是等某一个级别站稳再做，建议 30 分钟以上，1 小时、2 小时更稳当。

这个是根据我的经验统计的，周期很短的话，比如 1 分钟周期，胜率是很低的，胜率低到一定程度，交易系统很难进行。有的交易者使用胜率为 25% 的交易系统，他能执行，但是大部分人是不行的，会崩盘的。

线性跟踪模式，考虑胜率与盈亏比，30 分钟胜率约为 30%，我个人觉得交易系统的胜率最好在 40% 左右，这样系统执行起来舒适感比较好。胜率在 30% ~ 40% 之间的，系统都是可以执行的，就是体验感会差一点。我建议大家学习后，尽可能是先用 1 小时去做，它在效率各方面平衡性更好一点。

综合来说，线性跟踪模式千万别做突破！这个模式做突破都是坑，K 线围绕着一根均线走，一会上一会下，坑太多了，做起来很痛苦。

小结：

线性跟踪模式的进场策略：

（1）等均线站稳再做，建议做 1 小时或 2 小时的周期；

（2）不要用这种模式去做突破，坑太多了。

三、转折模式的进场分析

转折模式进场的基本原则：至少你要看到周线级别！

不管用什么样的交易方法，你要记住，周期越小，交易次数越多，但行情是有限的，交易次数多必然导致你根本找不到一个相对能够去执行或者接受的胜率。

做转折模式，虽然某种程度不能说完全是逆势，相对来说，其成功率或者说效能是赶不上突破的。如果你在特别小的周期上，找一种转折点或者支撑阻力做，你的交易次数肯定会非常多。

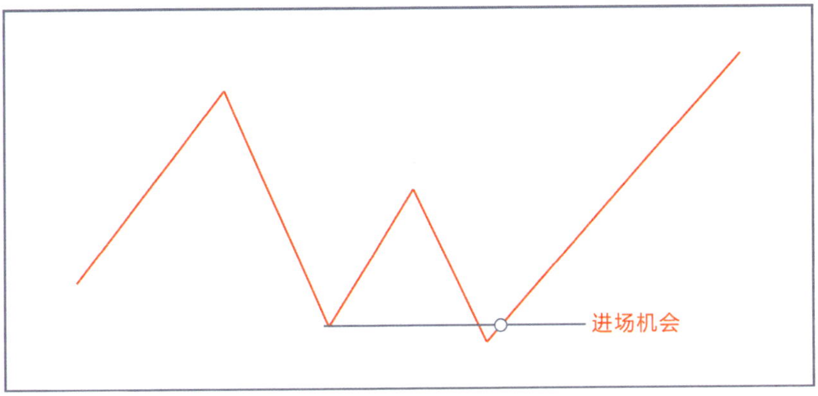

图 8-5　双底的线性跟踪模式

假如说我们要做一个双底（如图 8-5），至少得去做周线，在周线或月线上能看到这个转折再去做。在周线上看到这样的一个点，你起码得等两三个月，它才能形成一个较好的交易机会。行情一年总会有几波的，交易次数只要足够少，你就能获得一个数学逻辑上较好的胜率。所以做转折模式的大前提，一定要看大的周期，减少交易次数，不能看小周期，太小就没有意义了。

转折点的进场逻辑和前面讲得类似。

还是以图 8-5 为例做转折点，越小的周期，稳定性越差，你用 1 分钟做就非常不稳定，5 分钟比 1 分钟强一点，用 30 分钟、60 分钟做，稳定性就会好很多。

交易技术没有绝对的对和错，我只能说根据成熟的经验，在什么周期做，用什么样的策略进场，我会直接告诉你们方法。

用转折模式进场，有两种策略：

（1）破 5 日均线可以去找拐点。因为做的是周线，当你看到周线有这样一个机会，用 5 日均线或日线去做转折跟踪，我觉得是很合理的。太小周期的话，它俩是不匹配的。

（2）用周线分形，找高低点做反转。跟 5 日均线有点类似，看周线的高点和低点，可以过滤掉很多中间试单的成本。

小结：

做转折点只能看周线或者月线机会，可以用日线去跟踪，我不建议大家再用 30 分钟或 1 小时这种小周期去跟踪这类波段，不太靠谱，很容易做崩的。因为在转折交易里一定要记住一个大原则：交易次数一定要减少，只做大周期！

因为交易次数只有在足够少的情况下，才能保证胜率优势。想做波段交易，只看行情是不够的，哪有那么多波段让你做嘛。所以，转折模式进场要有这样的概念——做的级别越小，进场次数或者机会越多，胜率必然会越低。我强烈建议不要做这样的小周期。

你不要看有些人复盘某种行情，用 5 分钟或 1 分钟可能就做成了一波，好像看着止损也不大，很完美似的。我跟大家说，如果把时间区间拉长的话，它的胜率一定是很低的，不可能出现用小周期小止损，还能获得高胜率的结果。

回头去看第六章胜率和盈亏比公式的关系，那么小的周期，那么小的止损，如果你的胜率还比较高的话，你的盈亏比必然非常大。你如果长期这样做交易，那等于说天下的好事儿全让你占尽了，利润全部让你得了，这可能吗？

有人说只用小周期抄了个底或者摸了个顶，还把单子给你看，让你觉得这水平非常高！大家千万不要去迷恋这点表面的东西，这都是大坑。他自己跌得很惨的时候没让你看见而已，只给你看荣光的一面。不要被它表面单个“好看”的数据迷惑了。

如果你在小周期短线练的时间比较长了，是很抗拒大周期的。

你如果很喜欢做小周期，懂得这个原理之后，你可以先用小周期去构建模式，用复盘或者模拟系统先试试。如果觉得胜率完全达不到，或者胜率低于 30%，你还会执着于小周期吗？学习本书的认知原理与底层思维后，你就会知道，原来小周期交易折腾两三个月，还是在原地打转，这个路走不通。走不通马上就换交易模式或进场周期，总之不能在小周期上憋死。

四、进场是一个数学逻辑

交易遇到问题并不可怕，可怕的是什么？就是遇到问题，不知道朝哪个方向努力，也不做任何改变。遇到这些类似的问题，思维不变，可能就把你们困在这了。有些事情需要改变认知。很多交易者在一个点上面迷糊了（主要是底层逻辑关系迷糊），就想通过不断的努力、不断地学习去解决这个点上的问题，很容易陷入这种原地打转的局面，浪费很多时间，最后还无法从根本上解决问题。

如果做一件事花了三个月或半年时间，还在原地打转，靠自己的努力没有办法解决的话，你要马上反思，不是你不努力，而是努力的方向错了。正常情况下，方向对了，你努力研究三个月一定是能见效的，不见效肯定是大方向搞错了。就像爬山，爬了三个小时了，山顶还不知在何处，那你要想想，这个路是不是错的，或者绕太远；不然的话，你爬的时间越长，肯定离山顶越来越近，目标是可见的。

交易进场，其实是一个基本的数学逻辑，我总结如下：

爆点模式，我建议进场至少用 30 分钟或 60 分钟去研究，60

分钟如果搞不定，特别是做突破，直接把周期往大放；不行的话，就直接做日线，反而更简单，更稳当；或者等某一个级别的行情站稳再做都可以。小周期不行，就往大周期放，因为越往上越简单。当然，随着级别放大，你的盈亏比会越来越低，简单、稳定，赚得少一些，也可以接受。

线性跟踪模式，要注意大坑和假突破，一定要等某一个级别站稳，最好是用 60 分钟去进场，等它站稳再做。用 60 分钟做一个起始周期，不要去研究更小的周期了，没有意义。这些数据我都研究过，并且经历过多次复盘，现在我只是负责任地告诉大家最后的结果，可以省去踩坑的时间，也避免了资金亏损。

转折模式，它的进场逻辑就是破 5 日均线或做周线的分形，一定要把周期放大来做，减少交易次数，不要在小周期上费力气，这是浪费时间。

本章总结：

这一章把进场三种交易模式的逻辑讲明白，告诉大家几个要点，这些要点你要抓住和牢记，这是我已经研究过的，是经验之谈，你别再自己挖坑进去，别试图挑战那个高难度的操作。如果你要试，请在模拟盘上试，实盘交易都要付出真金白银和心血。希望大家少走弯路，减少进场次数。

第九章 止损的数学逻辑

上一章我们讲了进场的基本逻辑，并给大家讲了相关要点，做了总结。

本章讲止损的数学逻辑和提高胜率的办法。

一、进场的核心思想

大家学交易有一个非常大的误区，总想通过所谓的厉害技术精确地找到进场点。因为大家不理解进场背后的核心是什么，所以就想通过 1 分钟、5 分钟或者形态这些波段，找一个所谓客观的或者精确的进场点。这种思维模式，会把我们带入一个思维的误区。

前一章我们讲过进场的逻辑，其最大的核心思想就是一定要限制交易次数。

因为行情是有限的，只有把交易次数降下来，交易胜率才有可能得到数学逻辑上的一个保证，这就是为什么我们一定要往大周期做的原因。因为越大的周期，交易频率自然就越低。

我们很多人学交易，陷入趋势线要这样画还是那样画的纠结，其实，怎么画并不是核心，没什么标准，只要这个线画得可以限制交易次数，符合进场背后这个核心思想，就可以了。

切记：不管趋势线这样画还是那样画，核心是需要限制交易次数。

那么要问：在非常小的周期上去做交易行不行？

这是短线交易，是可以做的，市场上有很多人在做短线，也有比较成功的。但是这种做法已在第五章《创伤恢复机制》那里把它剖析清楚了——短线要做好，其核心思想就是要限制当日最大亏损和最大亏损的次数，到一定限度就停止交易。只有把这个逻辑固化下来，做短线交易才能够成功。

如果以前没有做过短线，还是要慎入，你可以直接去学波段交易。

我见过很多做过短线的人都往大周期转型，但是从来没见过一个做大周期的往小周期转型的人。

如果你做短线的经验积累已经差不多了，仅仅是因为不明白它背后的控制逻辑、止损逻辑，学完本书之后知道要控制最大亏损或交易次数，那你还是可以从事短线交易的（小周期）。我觉得世界上任何事情，没有绝对的，每个人都可以根据自己的情况，做一些选择，每个赛道都有优秀者。如果你铁了心想做好短线交易，以后可以多跟我一块学习，加入本书书友群，或者直接学习课程，形成互动。

回顾一下前一章讲的三种进场模式，转折模式是通过 5 日以上周线去找双底、支撑阻力、2B 法则等，这个做法的本质就是最大程度限制交易次数，包括用 30 日均线、40 日均线、大小均线交叉或者双均线过滤等，都能达到这种效果。爆点模式，也是要看 30 分钟以上周期，比如用 1 小时或 2 小时或日线去跟踪行情，抓突破，或者等突破站稳后再做，**这些操作背后的核心思想，都是要限制交易次数——进场的核心就这一句话，你把它彻底理解了，就好做了**。我觉得不管是进场还是执行，都有一个损耗补偿机制，这个留到后面的章节去讲。

这些年我发现一个非常普遍的现象，很多人学交易容易陷入技术的迷宫里，就是因为他不理解这些问题背后的逻辑。只知其一不知其二，所以非常容易陷入所谓的客观技术或者精确技术的思维陷阱里去。

作为交易者，你要多画日线的趋势线，因为它符合这个核心思想，所以用这种模式做交易是可以的，它能获得概率优势。但是我们很多交易者不明白这个核心思想，他就会纠结于这个趋势线要怎样画。其实懂的人不用趋势线，就用一根均线做交易，照样没什么问题。本质上它两个没有什么区别，就是为了寻找行情，限制交易次数。

趋势线都是人为画的，本来就不是绝对的，很多人只用单均线来跟踪，交易照样可以做得非常好。**本质上我觉得这都是工具，是个人的习惯问题，我们不要陷入这种唯技术、唯走势的思维方式里面。打开我们的思维，要看它背后的本质，工具是为思想服务的。**

二、止损的数学逻辑

为什么我们要反复强调这个核心思想，因为止损就属于这样的数学逻辑。

很多人在止损上面，其实是非常纠结的，他以为止损就是在形态上画一条线，用一个 15 分钟 K 线或者 60 分钟 K 线去止损，这好像比较客观、有依据。其实止损根本没有客观这一说，只是你把这个止损点当作你的一个依据而已。因为它是个数学逻辑，我们还是需要从逻辑上找依据，而不是只找一两个点。

为什么很多人用形态止损方法，也能够获得数学逻辑上的止损效果呢？本质上是因为这个形态止损幅度，正好能容纳一部分行情的无序波动，所以他能获得成功。

假如这个形态是 1 分钟周期，行情特别小，那胜率必然就非常低；5 分钟的胜率就会高一点；假如用 60 分钟单 K 线止损，胜率有很大提高，能达到 40% ~ 50%。

不是这个止损点有多么重要，是因为越大的周期，平均的止损幅度大，就更加能够包容行情的一些无序波动，提高胜率，这就是它的背后的数学逻辑。

止损真正的核心公式：日 K 线 ATR= 一天行情的平均波幅。

想象一下，假如止损纯粹从数学上面看，你从 0.1 ~ 0.9 之间做 ATR 止损，波幅越小，胜率越低；波幅越大，胜率越高。

这个才是止损背后最核心的逻辑，即数学逻辑。提高 ATR（波幅），提高胜率，与前面限制交易次数，提高胜率一脉相承。

为什么说在图形上面找到一些点止损，它也管用呢？这个就跟刚才讲的趋势线和均线是一个道理，正好在波幅范围内。

举个例子：可能你找的图形不管是形态还是单 K 线高低点，平均止损波幅正好是 0.4 个 ATR，长期下来就有 30% 多的胜率，因为它正好满足这个数学逻辑，所以说也能产生这样的效果。

如果我们不理解这个数学逻辑，在研究交易技术的时候，很容易陷入技术上寻找所谓的最优解的迷宫里。

这些年我见过好多交易者，来看看他们是怎么止损的。

举个例子：有一位交易者给行情 0.1 或 0.2 个 ATR 的止损幅度，因为他找的是小周期，就给了这么一点止损幅度，他还想去研究胜率。那 0.1 ~ 0.2 这样一个小幅度，胜率必然只有 10% ~ 20%。他在这个地方反复琢磨，始终没弄明白。有的交易者能在这个地方琢磨五六年，白白浪费了很多时间，因为这么低的胜率，做起来非常容易崩盘的，崩盘之后，他还会觉得是自己的技术不够精进，心态不够好，控制力不够强……

其实这位交易者没有明白，在这样的一个低胜率状态里面，无论怎么去研究，怎么去执行，最后的结果一定会是这样。因为他的波幅这么小，胜率这么低，最后一定会崩盘，谁做都会崩盘，你们信不信？这个是数学逻辑，人是不可能解决这个问题的。

还有一些交易者，因为他不理解背后的数学逻辑，总想通过研究技术找一个所谓的客观止损点，精确地止损。你们觉得他能找到这个精确的止损点吗？

当我们明白了止损的数学逻辑后，我们就不会被这些所谓的精确技术绑架，技术只是工具，不是目的。

我多年的研究数据显示，30 分钟止损幅度的胜率基本上在 30% ~ 35%。作为交易者，就看你要胜率还是要盈亏比，从而决定自己的波段周期策略，做好利弊选择。

明白了这个数学逻辑之后，假如说你只能承受 0.4 个 ATR 的止损幅度，你再怎么去做，胜率可能也就是 30% ~ 35% 的概率分布；如果不想承受更大的止损，那就要接受这样的胜率模式，按照这个模式执行就行了。尽管你的胜率不高，但成功之后，你的盈亏比还可以，最后收益为正。

很多交易者只愿意承受很小的一个止损，注定他的胜率就这么低。他就反复不断地研究各种技术，想通过技术把胜率提高到 40% ~ 50%。那是不可能的事，还会把自己搞得疲惫不堪，心力交瘁，结果还是达不到。

假如说你设了一个止损点，其胜率只有 30% 多，你对这个胜率不太满意。在执行的过程中，你想把胜率提到 40% 以上，该怎么办呢？

三、提高胜率的办法

你想把止损幅度（ATR）往大提，胜率往大提，怎么提呢?

因为之前是在 30 分钟线上找的止损依据，30 分钟波幅有限，所以它无法承载行情里更多的无序波动，所以它胜率偏低一些。要提高 ATR，那很简单啊，你把这个止损周期往 60 分钟提一下，它的胜率就会提高。

当我们明白了胜率、盈亏比这些概念背后的底层逻辑之后，止损幅度，很多时候就是个选择的问题。

如果你想胜率提到 40%，那就通过 60 分钟找依据去做。当然有时候可能偏小一点，有时候偏大一点，这个不重要，我们看的是平均的波幅（ATR）。因为平均之后，数据大概差不多，它的胜率基本就维持在 40% 左右。

如果你想在更大的周期上面找止损依据，那是不是说明容纳行情中无序波动的能力提高了? 之后胜率是不是也相对应地提高一点?

对!

我测得的可靠数据表明：60 分钟周期的止损，胜率基本上能达到 40%，好的话能达到 45% ~ 50%。假如用 2 小时做止损的话，平均胜率基本上能达到 50%。之前我一直建议大家用 1 小时去作为最基本的操作周期，因为 1 小时周期的胜率分布在 40% 左右。这个数据对大多数人来说，它的执行舒适感是比较强的，压力小点。30% 的胜率也可以，但是大多人执行起来体验感不好，压力比较大。胜率 25% 或者稍微往下一点，也有人能做得不错，但是要求抗压能力很强的人，对大部分人来说会很痛苦。

我是学计算机的，对数据更信任。做这么多年了，主观的东西我肯定也有，但是每个人都不一样。

我们把止损的数学逻辑弄明白之后，再看用1分钟的中枢、5分钟的中枢去止损，我觉得这些方法没有本质的区别。不管用中枢、形态止损，还是用单K线等方法止损，只要你给它们一定的波幅，满足了数学概率上的这个逻辑，本质上都是一样的，其他只是工具的选择而已。

所以我一直强调：所有的技术只是一个工具，其背后的逻辑和认知才是核心。

假如有人给你讲，他做5分钟，胜率也可以的。他做5分钟，可能他是用5分钟中枢做的，那你想一下5分钟中枢，很可能相当于1小时单K线这么一个幅度。还有，他这个5分钟中枢的平均幅度大概能满足0.5个ATR，所以它的胜率也能达到50%左右，当然可以做嘛。别被别人偷换了概念，你还蒙在鼓里。

你只要看一下他背后的数学逻辑，马上就能知道他为什么能够盈利，是怎么执行的。有些人虽然也这么做，但他自己都不明白背后的逻辑，只是恰恰做对了而已。作为交易者，不能听风就是雨，你要知道风是怎么来的，雨是怎么形成的。你把认知这一整套逻辑弄清楚后，看一下就明白了。

还有人说，他也用5分钟做，是用5分钟的单K线去止损。那你就会知道，他这个交易胜率是很低的。因为5分钟单K线，可能只有0.1～0.2个ATR，根本就不具备胜率优势，所以他的交易肯定容易崩盘，压力是相当大的。

有了这些认知之后，你根本不会再去迷恋这些形态、短线、波浪表面的东西，也不会再相信任何人给你展示的数据和光彩案例，那都是表面的。你要看他们背后的数学逻辑，是用什么去止损的，其胜率有多少，就能知道结果。

以前我在某平台上做过几次交易直播，朋友说我像老中医，一号脉就知道问题在哪儿，就是因为我对这些问题的认知是非常清晰的，我明白它背后的底层逻辑，知道盈利的路径与方法。要想跟我学习，可以来上我的课程，就学这些本质的东西，减少在原地打转。

本章总结：

1. 止损的逻辑，本质上就是数学上的逻辑。

2. 进场的逻辑和止损逻辑一脉相承，进场的逻辑就是要少做，限制进场次数，止损的逻辑就是要提高胜率。

3. 止损的办法有很多，可以提高止损的幅度（ATR），也可以加长波段的周期，这需要自己做好利弊选择。

扫码观看李小军老师讲解止损的数学逻辑

上苍是公平的，我们想要什么，我们就选择什么；不属于我们的，我们放弃。我们对止盈的纠结就释然了。

God is fair, we choose whatever we want; What doesn't belong to us, we give up. We are relieved of our entanglement with controlling profits.

第十章 止盈的概率逻辑

前一章讲了止损背后的数学逻辑，需要在波幅和胜率上做出利弊选择。这一章我们讲止盈背后的概率逻辑。

进场、止损和止盈，是交易的三个核心技术，它们中间有共同点。

一、交易要规避一些误区

大家要从技术的唯一性的思维里面脱离出来，就不会陷入追求完美技术的迷宫（如图 10-1），第八、九、十连续三章主要是讲明白这个道理。因为我看到很多交易者的思维模式都是停留在技术层面，孜孜以求，这样研究技术是会很迷茫、很痛苦的。

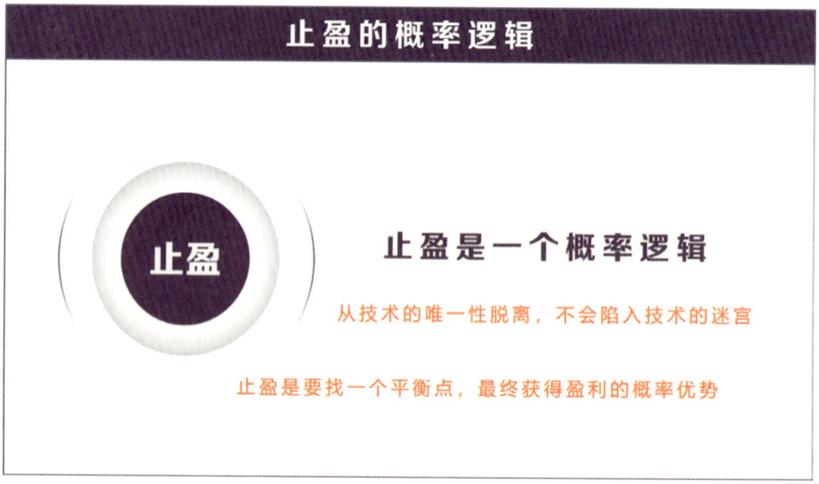

图 10-1　止盈的概率逻辑

我们前面讲了进场，那么进场背后的核心思想，其实就是一个限制交易次数的问题。明白了这个核心之后，不管你的操作是用趋势线、支撑阻力、2B 法则，还是使用单均线、双均线等，核心目的其实就是限制你的交易次数。如果这些工具能够解决“限制交易次数”这个问题，那么进场的问题就迎刃而解了。

大部分交易者常犯错误的地方：比如画趋势线，误区是纠结于在这里画还是在那里画，追求最完美、最标准的趋势线的画法，而且他认为这个线执行起来是最有效的。从交易游戏的本质来说，这类纠结的意义不是很大。从长期来看，趋势线只是一个工具，不是本质的东西，可能这一次这样画比较好，下一次那样画比较好，那再下一次呢？

会没完没了，因为这种技术画线不具备唯一有效性！这种做法就是反反复复在一个工具上追求唯一性。追求唯一性的时候，你会发现面对不同走势的时候，它没有一个确定的答案。

画支撑阻力线也一样。

2B 形态法则，比如是在 5 分钟反转了去做，还是在 1 小时反转了去做，或者在日线图上反转了去做，还是在周线图上反转了去做，都没有确定性，也不是唯一的。

有人问我：有没有一种技术，正好能抓到高点和低点，而且止损还小？如果我知道我会告诉你吗，这是技术唯一论，这样的话很容易陷入技术的迷宫里面，死钻牛角尖儿，你在这个地方花时间与功夫是没有意义的。

这个问题到后面我们讲损耗补偿机制时，大家会更明白这个道理的。这些年我见过 90% 的交易者，一直在确定性的技术迷宫里打转，因为他不能脱离确定性思维，根本进入不了有效学习的阶段，所以很容易钻牛角尖，陷在里面出不来。

注意了，新手是不建议用支撑阻力线做的。因为支撑阻力的做法有一个很大弊端，就是时间成本很高，即使在阻力点支撑住了，不代表一定会上涨啊，它不是因果关系。在支撑位折腾来折腾去，即便涨上去，跌下来的概率也是很高的，震荡很熬人的。所以不建议新手做支撑阻力线，包括我也不做，因为运用这种模式我觉得不是很划算，对我们建立顺势信仰没有帮助。

一句话：做交易不要迷恋任何技术，不要迷恋任何特别取巧的工具。交易最后的落地就是胜率、盈亏比、交易频率、执行成本这四方面。我们需要从他们之间的几个关系中，找到一个平衡点。只要能够获得一个长期的概率优势，长期收益为正就对了。

至于怎么获得这个概率优势，盈亏比例怎么定，胜率要做到多少，是用均线这个工具获得概率优势，还是用趋势线获得概率优势；用支撑阻力获得概率优势，还是用 2B 形态法则获得概率优势，等等，这只是交易方式的选择，因为这些都是工具。我们不排斥任何工具，也不迷恋任何技术，我们之前对某个工具已经积累了比较丰富的经验，而且符合底层逻辑，我们用它就好了。当你明白了这个道理之后，这些交易工具，其实效果都差不多，长期下去各有利弊，都能赚钱，没有绝对的对与错，只是个利弊选择的问题，你挑熟悉又好用的就行了。不要学了五六年技术，一说什么都懂，一做什么都亏，因为你没有学到交易的本质。

二、止盈背后的逻辑

止盈的本质，其实就是概率上的一个选择。

什么叫概率逻辑？

假如说行情从某一个点上涨，它涨的幅度越大，涨的概率就会越小（如图 10-2）。

因为止盈幅度越大，就代表着盈亏比越高；盈亏比越高，它出现高盈亏比的概率就越低。

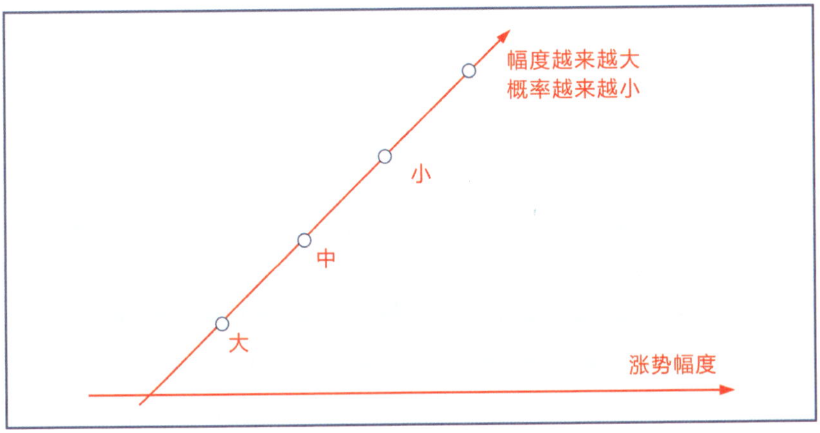

图 10-2　涨幅越大，概率越小

我们先要有这个认知，一定得在这个认知基础上去思考止盈。

很多交易者在止盈上面会犯一个错误，就是不断地研究厉害的技术，希望走到这儿赚得多，走到那儿又赚得多，反正是希望处处多赚……这么想就完蛋了，这就是个幻想。

从周期上面来看，一个做基本面的人，他们是趋势交易者，单子可能会拿在手里停个半年一年。如果他成功的话，其盈亏比肯定是最高的，但是问题会出在哪里？问题是，做基本面，要出行情的概率很低。很多做基本面的人知道，他们的盈利模式可能就是三年、五年不开张，甚至有的十年不开张，而一开张就吃十年（请查阅 2007 年、2015 年、2021 年的三个大盘高点）。一旦行情来了，你以为开张了做的时间会很长吗？

并不是。很多行情来了，可能涨了一个月，别说涨一个月了，多数时候是涨一周两周就跌下去了，涨两三个月的行情在期货里面算厉害的啦。

假如说，你拿到了持续涨一个月的行情，一年可能遇到两次这样的机会，那你的概率就比做基本面的要高很多。

假如说，你只希望手里的期货涨个三五天，那它的概率更高，可能每个月都有几天这样的行情。

所以止盈就是个概率问题。你想经常能赚到钱，那你就把止盈幅度降低，概率就会提高，你就经常能把钱装到兜里。如果你把止盈幅度定得很高，想赚得多，那么概率就会很低，很难抓到机会。止盈幅度越高，你想获得特别大的盈亏比，概率就会越低。

实际交易里面有一个规律：盈亏比越高（即大赚），我们赚到这波行情的概率就越低。这种交易盈利模式，对于交易者的驾驭能力要求是很高的。

要能做成这种大的趋势交易，你有可能连续三年不赚钱或者小亏损，你得有这个心理准备和承受能力。我们一般人三个月不赚钱或者一年不赚钱，就可能进行不下去了，你能承受得了三年不赚钱吗？

我现在的驾驭能力，基本能达到十个月或一年不赚钱。如果我一年半或者两年不赚钱，说实话，我就要想办法了。我会觉得这个交易有问题了，我应当调整交易策略。因为我确实驾驭不了它，而且后面也等不起、耗不起。

每个人的承受能力是不一样的，有的人可能只承受得了三个月不赚钱，但是半年不赚钱，他会崩溃的。

那你就要把这个止盈的幅度降低，因为当你降低了之后，出现这种行情走势的概率就会提高，赚钱就会快，只是赚得少些。

当你把时间框架拉长后，赚钱一定是绝对的事儿。

如果接受不了长时间不盈利，你就把止盈幅度降低，但是也不能太低，因为低也得有一个标准。

有一个基本的数据标准：假如胜率是 40%，盈利系数是 1.2，那盈亏比至少得达到 2∶1。达不到 2∶1，长期下去是亏钱的。

如果平均止损幅度是 0.5 个 ATR，按照正常的承受能力，盈亏比也要做到 2.2 ∶1，因为盈利系数 1.2 是盈亏平衡点。只有盈亏比达到 2.5∶1 或 3∶1，这样长期下去才能盈利。

我们主动止盈，是为了获得一个资金曲线的平滑，这时候还是得有一个标准，盈亏比至少也得达到 2∶1 以上，不然长期做下去肯定是亏的。

至此，我们明白在止盈的具体操作里面，就是根据胜率和盈利系数，至少得达到相应的盈亏比。

不管你的盈亏比达到 4∶1 还是 10∶1，交易永远没有对错，就是个利弊选择。

比如，盈亏比达到 4∶1，有可能一个月才能赚一次这样的钱；盈亏比达到 10∶1，很可能要两三个月或半年，才能抓住这样一次行情，其中可能有一个满足这种盈亏比的走势。

那你要问，究竟要赚什么样盈亏比的钱？这可以根据自己的情况来选择，而且要抓得住。尽管这两个月能把两次盈亏比为 4∶1 的钱装兜里了，但中间可能有一次 10∶1 的机会没抓住，这也要坦然接受。你抓住了盈亏比为 4∶1 的机会，这个你得认！是你的要保住，不是你的别眼红。

把这个止盈概率搞明白了，也做了利弊选择，认知到位之后，那你就赚这个钱！别人赚 10∶1 的钱跟你没关系，自己轻松自在，这就是禅。最后，你的盈利是根据利弊选择模式决定的，没什么对与错。

在不明白止盈的概率逻辑前，交易者很容易犯的错误就是：盈亏比 4∶1 的时候，赚了还不够，还想赚 5∶1 的钱，甚至还想赚 8∶1、

10：1 的钱。任何时候都想追求完美止盈，把所有的钱赚走，这怎么可能呢？

什么钱都想赚，最后往往什么钱都赚不到。要学会取舍，贪心不足蛇吞象，最后是赔了夫人又折兵。

三、明白概率逻辑后要做选择

如果你明白了止盈的概率逻辑，你就可以做应有的利弊选择，赚自己想赚的那一部分。

你想赚盈亏比 2：1 或 4：1 这种行情走势的钱，只要抓住就行，虽然一次赚的没 10：1 那么多，但积少成多，次数多也是可以的。

做基本面的人，只抓超大行情，可能最后他获得 100：1 的盈亏比，赚了大钱，他选择这个模式就放弃了盈亏比为 4：1、10：1 这类赚得少的钱。如果他连这些小钱都不放过的话，什么都想赚走，那他永远赚不到 100：1 这么大的盈亏比的钱。

我常跟学交易的朋友们说，如果能赚盈亏比 4：1 的钱，要心安理得，不要眼红人家赚盈亏比 100：1 的钱，那种钱你赚不到。止盈策略各有利弊，100：1 的模式是个概率逻辑，盈亏比非常大，止盈概率非常低，他需要等很长时间，少则半年，多则三五年，才能赚到这样一笔钱，同时他也放弃了盈亏比为 4：1、10：1 的钱。每个人都在赛道上，有的人是跑马拉松，有的人是跑 1000 米，有的人是跑 100 米，目标不同，都在为自己设定的目标努力而已。

交易是公平的，我们想要哪个赛道就跑哪个，不属于我们的，就果断放弃。在自己的赛道里做专业的事，比什么都香。

赛道选定后，交易者在止盈时为什么还会纠结？假如说赚了盈亏比 2∶1 的钱，这时很纠结是否离场，不走怕它跌回去，走了又怕行情继续涨，后面还有更大的行情。

止盈的概率逻辑建立起来之后，你不要去想通过什么完美的或者唯一性的技术去解决最优止盈，凡事没有完美，适可而止，不要去追求这个空中楼阁，它是不现实的。

明白了这个原理之后，只要你当时的止盈策略符合你自己的胜率和盈亏比，比如说你制定的盈亏比 2∶1 达到了，就果断结束，这是对的选择，没什么错，因为长期下去你总的收益为正就行了。

以盈亏比 2∶1 为例，在交易的过程中，行情走得比你预期的要好，你可稍等一等，经常还是能抓到盈亏比为 4∶1、3∶1 的钱放兜里，这样还是经常能盈利的。满足了自己的胜率和盈亏比的概率优势，就是成功的交易。别人赚多赚少跟你没什么关系，你也不要去眼红人家。即便人家赚到 20∶1 的盈亏比，也是一路放弃了很多的，人家很多地方 5∶1、10∶1 这类盈亏比没有要，人家吃了一路的亏，总得赚个大的啊，这很正常嘛。

交易中，不能什么便宜都想占，什么亏都不想吃，这样的话我们的交易游戏是进行不下去的，因为这违反了能量守恒定律。明白了这个道理，把交易的这个纠结解决掉之后，我们的交易就能够有效地进行，有亏有赚，赚自己目标内的钱，最后在止盈上获得了一个概率上较大的逻辑优势，这个事儿就 OK 了。

恭喜你，用好止盈的概率逻辑，你的交易就上道了。

本章总结：

1. 从技术唯一性的思维里面脱离出来，技术仅是一种工具，不是全部。

2. 盯好盈亏比，从概率上做出利弊选择，赚目标范围内的钱，这就是止盈的逻辑。

扫码观看李小军老师讲解止盈的概率逻辑

第十一章 盈利分布密度

前面连续三章讲交易的具体技术，我们分析了交易进场、止损和止盈的逻辑，提出了操作方法，这三章内容我们要打破一个什么样的迷信呢？

一、各种技术与行情

很多交易者在学交易的过程中，非常迷信某一种技术。其实我们懂得这些基本的逻辑之后，要打破这种迷信，就会明白，技术就像变色龙，很不负责任，不靠谱。然后，我们再去了解技术背后是一套什么样的逻辑。

当我们对此有深刻认知的情况下，就不会再去追求一些所谓客观的、高深的、精准的技术。我们会从技术的执念中脱离出来，重新审视我们的交易。当你完全换了一个视角来学交易、做交易，使用技术时，就会发现，原先束缚我们的枷锁被打开了。逻辑通了，仁督二脉也通了，我们的思维就是开放的。

前面分析过交易进场。假如要做小周期，1 分钟和 5 分钟的，无论怎样，胜率和盈亏比都达不到平衡，就是说它们的盈利系数没有办法大于 1。因为越小的周期，它的执行成本是越高的，操作难度是越大的。那怎么办?

知道小周期出不来好的效果，那就要优化，减少进场次数。

像做动量交易的人，其实他们也是做周期的，寻找其中有利的机会，可能是在日线或者小时图的一个盘整区间做突破，而且他们一做进去可能连一分钟都不到就止盈了。

来想一下，为什么这种方法从逻辑上可以做呢? 因为它的交易次数或者叫交易频率，有很大的一个因素已经被过滤了，所以减少了交易次数。那么在止盈非常低的情况下，如果它做得好，胜率相对就会比较高。这种方法展现的就是这样一个特征。

像这种操作，会导致止损特别小，止损小的话会有一个什么样的问题呢？就是越小的周期，它对行情的刚性要求就越高。

假如我们在小周期上盈利系数没有办法达到大于 1（1 是盈亏平衡点）的话，就减少交易次数。怎么减少交易次数？那就是放大周期。假如 1 分钟盘整不行，那 5 分钟盘整行不行？ 5 分钟盘整不行，1 个小时的行不行？ 1 个小时不行，日线上面找一个区间行不行？越大的周期，你的进场次数就越少。在进场次数少的情况下，因为行情在某一个阶段之内总会朝一边发生波动，只要交易次数低，发生这样的一些波动，在它的方向上抓住了，胜率相对应就会提高。进场，不同的周期有不同的操作思路与逻辑。

明白了这个道理与逻辑之后，不管我们是用均线、支撑阻力、趋势线，等等，都能够盈利，它的本质就是减少了交易次数。

行情总是有波动的。只要我们降低了交易频率，进行跟踪，一定能够跟踪到行情朝某一个方向波动，就会抓住每一波的变动。

这样去理解进场后，就从迷恋某一个技术的思维里面彻底解放了。你用什么样的技术，无非是选择一种武器或工具罢了，喜欢用刀还是喜欢用剑，还是用三节棍，这都是你的选择，只要对你的战斗有利，都可以。

说实话，无论你用什么样的技术，最后的结果其实差别不大。在这一笔交易里面用均线技术可能占优势；另外一笔交易里面可能用支撑阻力线会更占优势；还有一笔交易趋势线更占优势，无非就是用自己擅长的工具，达到目的就可以。

如果我们进场时这样理解，你就不会相信有人说“在这个小止损上能抓住一个大行情”这类鬼话。因为越小的止损，对行情的刚性要求越高，就是要求行情走得比较流畅。但是，你要知道行情走得流畅毕竟只是少数，大部分行情不会这样走，那你止损越小，胜率必然会越低。

不管你用什么指标、周期、形态这类方法和技术，我们要理解，止损根本就没有客观这一说。止损越大，它能容纳无序波动能力越强，你的胜率就会提高，相对来说，赚钱就少。

明白了这一点，就不会在某个技术上再去纠结，或者想找一个什么客观的止损，能让我们获得非常高的胜率，这种就是迷信和幻想。把交易时间拉长之后，你就会知道，这些东西是不存在的，我只要选择一个止损幅度，比如30分钟、1小时、2小时或5小时的止损幅度，这个事儿就OK了。我们对止损没必要再去深入琢磨，追求所谓完美的技术，这个东西是不存在的。

二、盈利分布密度的两个极端

还有一个影响我们交易体验感非常重要的因素——盈利的分布密度，这是本章要重点讲的内容。我们先看两个极端的现象。

一个极端是频繁交易。

炒单的人，他一天的交易频率可能好几十次，上百次，那他不可能几十次都错吧，所以他的盈利分布密度肯定是非常密集，可能以小时算，才能达到平衡。

很多人非常喜欢做短线就是这个原因，因为短线的盈利分布密度非常密集，资金曲线能够拉高。

当然短线如果做好的话，它确实能达到这样的一个状态。但是问题在哪？现在短线、炒单程序比较多，网络速度都比较快，所以行情在价格的边缘地带可能剧烈波动，引发的毛刺也非常多。如果短线不能容纳这个无序波动的话，其实是不好做的，难度非常高，这与市场的进化有关系。

当然如果短线你能做稳定的话，它的盈利分布密度肯定是大家非常喜欢的，但是我们也要了解它的一些问题和不足，很多人很难做到这一点。

另一个极端是做基本面的人，傅海棠也经常说过，三年不开张，开张吃十年；十年不开张，开张吃一辈子。这种人的盈利分布密度非常稀疏，体验感也很差。假如你三年不盈利，你还能坚持啊？这肯定会影响交易的心情，影响我们的体验感。如果这种交易你认可，各方面的状态也不影响的话，那也是没有问题的。同时，我们要明白其中的道理，知道这种交易的利弊。

看过两个极端现象之后，我们再看一下日线波段交易，好有个比较。

三、日线波段交易的模式

日线波段交易，我主要讲三种模式：

第一种模式（模式 1）

在趋势行情中，理想是不断加仓，仓位不断累积，最后一波止盈，当然赚得很多（如图 11-1 中的模式 1）。但问题是行情如果不流畅（经常遇到），你加仓，甚至再加仓，行情没有冲上去就回来了，你就赚不到这个加仓的钱，有可能加仓还得亏钱（如图 11-1 中的模式 2）。还有可能行情是一个 V 形反转，上升后直接就掉下来了，

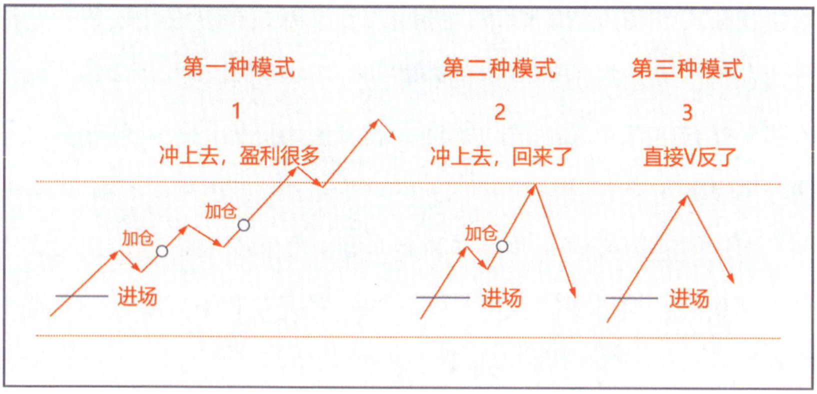

图 11-1　第一种模式的趋势加仓策略

直接止损亏钱（如图 11-1 中的模式 3）。

按照交易盈利分布密度来说，这种模式一年可能就有两波左右，最多四波，或者一年就一次都是正常的。那就是说选择第一种模式的盈利分布密度，得忍受长达一年或十个月不赚钱甚至亏钱，但是有一两个月或一两次正好遇到行情会赚得特别爽。

第二种模式（模式 2）

进场后，不加仓，然后跟踪，被动止盈（如图 11-2，我画的是一个形态，用均线或者其他工具都是一样的）。在类似模式 1 的行情里面（图 11-2 中的 1），你可能赚不足，或者说赚得没那么多。

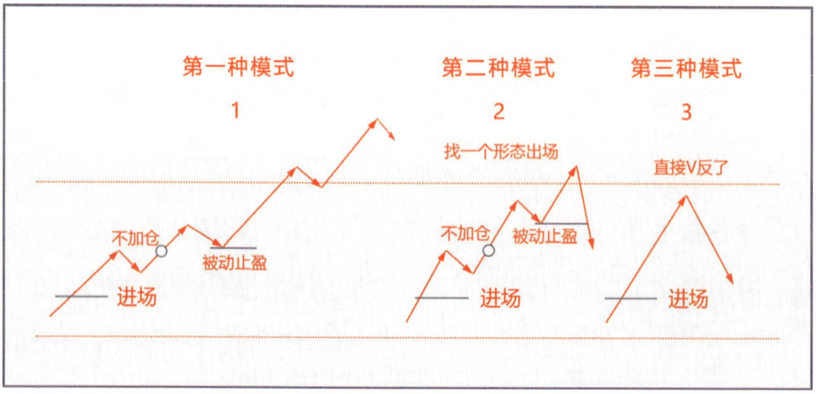

图 11-2　第二种模式的被动止盈策略

在类似模式 3 的行情里面，行情有一个 V 形反转，直接就下来了，直接止损亏钱（图 11-2 中的 3）。

按照交易盈利分布密度来说，第二种模式的行情会多一点（图 11-2 中的模式 2），一年可能有三四次至七八次的机会。选择模式 2 的盈利分布密度，你可能有两个月或者一个季度都能赚到钱。

第三种模式（模式 3）

如果你去抓这样的一个 V 形反转行情，很可能每周每个月都能遇到，那么它的盈利分布密度相对也会比较高。你按月算盈利分布密度，就有可能每月都盈利。

与第一种模式和第二种模式相比，第三种模式可能没前两种模式赚得多。

因此：三种交易模式的选择，就是利弊的选择，根据自己的情况去做一个选择即可，没有所谓的好与坏、对与错。

到此，就有一个误区，有的人就会想，行情走成第一种模式，他就按照模式 1 止盈；行情走成第二种模式，他就按照模式 2 止盈；行情走成第三种模式，他就按照模式 3 止盈。这样选择对不对呢？从理论上来说，如果你的交易经验非常丰富的话，对模式 1 的行情是有感觉的。趋势行情一般有个特征，就是市场整体朝一个方向，它的几个板块都朝一个方向运动的时候，它确实会持续时间比较长。但这种判断的难度也是非常高的，而且经常会判断错误。

最开始去学习交易的话，我建议大家可以侧重用第三种模式（V 型反转），适当用第二种模式。我们不要求一波赚太多，有增长就行。假如说你每个月账户不缩水，盈利分布密度能分布到每个月的话，每个月账户都能往上增长一点，少增长一点或者不缩水就行，这样的话它的盈利分布密度是不会影响到交易体验感的。这样的体验感对大部分人来说，更容易坚持下去。

如果做基本面，假如三五年不赚钱甚至不开张，大部分交易者都会崩掉的，对吧？

像第一种模式可能七八个月不赚钱，我们很多人就可能崩掉了，最后这个交易很难进行下去。第二种模式两三个月不赚钱，可能很多人也能坚持，等等机会就有了。第三种模式大部分人都能坚持，因为经常能体验到赚钱的感觉，超爽。

那我们再看一下，第一种模式和第二种模式都是被动止盈。如果想做体验感比较好的第三种模式，思路一定是主动止盈，每次赚少一点，而且赚得次数多，不用担心亏钱。

我们不用图形逻辑去看止盈，要用数学逻辑看，就是第三种模式的优点。它就像娶个富家的麻脸女，尽管颜值差了些，但是富足，缺面子，有里子。

假如说你每次止损是 0.5 个 ATR，那理论上来说你的胜率就是 50%。而在 1 个 ATR 或者更高的数字上如何主动止盈呢？这个策略具体变化起来如何做呢？我们来了解一下其中的原理。

假如你非常厌恶风险，那就设止损 0.5 个 ATR，行情到 1 个 ATR 时离场一半，基本上就不会赔钱，因为你有 50% 的胜率嘛，即使离场一半，另一半又全部回去，即使行情永远走不出来，只能走 1 个 ATR，但你的账户基本上不会怎么缩水。

如果能承受多一点风险，假如行情真的非常不利，你就要允许账户缩水一部分，就放到 1.5 ~ 2 个 ATR 上止盈，这样做下去，必然赚钱；或者 1.5 个 ATR 离场一半，剩下的一部分被动止盈；或者在 3 ~ 4 个 ATR 上主动止盈。这样做的话，从数学概念上来说，最后做下去肯定是赚钱的，虽然赚得不多，起码这个交易你能够进行下去，不会崩溃。

这样分析完之后，我们知道：假如止损是 0.5 个 ATR，胜率基本会在 50% 左右；那么止盈至少需要 1 个 ATR，才能达到盈亏平衡，这就是数学逻辑。

如果我们计算数据胜率是 50%，实际操作中不利的时候，这个 50% 胜率是达不到的，有可能缩水到 40% 甚至 30% 多一些，这都是正常的。刚开始做止盈时，假如确实受不了账户回撤的话，可以用部分止盈，去平衡账户，就赚另外一半的钱就行了。长远下去，你赚得可能不是最多的，但是你每个月都能体验到赚钱的感觉，而且稳定，这就很好。

四、概率体验感

刚开始做交易的人，赚多赚少不是核心，而是要尽快用三个月到半年的时间获得概率体验感。那些做基本面的人，十年一个轮回才能体验到几笔交易，时间周期太长了，做第一种模式两三年才能得到概率体验感，一般人坚持不住。基本面虽然赚得很多，但是对一般人意义不大，没人能坚持。你的目的是尽可能在短时间内获得更多的概率体验感，做交易有钱赚。我觉得这个是最重要的。

要体验概率在交易里面是怎么发生的，要明白这个过程：即账户资金曲线回撤——创新高再回撤——回撤后又创新高。

当你体验过三次之后，就会明白，原来交易概率游戏是这么玩的。

在这个过程中，你要慢慢解决“抗拒亏损”这个问题，真正地、深刻地理解交易的不确定性。前面我讲了所有的不确定性内容，如果不是我们自己体验过的东西，不能算是我们自己的认知。只有先明白了这件事情的原理，然后自己去体验，才能从内心真正地接纳、理解概率游戏的不确定性，才能真正地接纳合理的亏损。

在我们学习的过程中，怎样缩短这个转化时间呢？就是要去做一些盈利分布密度相对比较密集的模式，才能缩短我们从体验到认知这个过程的时间。

要获得第一种模式的体验感，没有个两三年很难建立对概率的信仰。第二种模式也需要 1 ~ 2 年的时间，第三种模式，我觉得大家用 3 ~ 6 个月的时间，基本上就可以获得这样的体验感觉，效率还是很高的。

盈利分布密度，因为它影响交易的体验感，也影响对交易概率所要建立的信仰，因此能够缩短建立概率信仰的时间。

我们知道任何技术都只是一个工具，不管你是用均线、大周期的反转、支撑阻力、形态、趋势线或者三角整理等这些技术，它们都是工具。我们真正要解决的问题是什么呢？就是上述三种模式发生的概率和等待时间。我们要坚持一致性输出，最后获得概率体验感，最主要的是赚钱的快感。

2 小时交易系统基本上就像第 3 种模式，因为时间比较短，三到六个月基本上就差不多了。

到这里，我觉得基本的理论都讲完了，初学者解决了这些问题之后，后面进行一个心法强化训练，基本上就可以上手了。因为明白了这个道理之后，你就能根据所学，坚定地按照自己的策略去做。可能你看到别人的系统比 2 小时交易系统好，但是你要知道，长期的交易只要符合学过的顺势原则、截断亏损、让利润奔跑、获得盈利分布密度这种体验感，就已经够用了。

虽然你的技术也很粗糙，但最后只要能达到这个目的，其实就够了，你就不会这山望着那山高，就能够进行有效的训练。有的交易者自己有一个系统，但是听到别人说有一种技术是宝贝，就马上去试试。这样的话，这个概率游戏，你是没有办法去有效地进行的。

后面的章节主要是帮助我们更深刻地理解一些知识和内容，还有四大基石的第四个心法体系。以后当你自己建立起交易系统的时候，从事实战交易，这些会更加有帮助。有问题和困难，欢迎加入我们书友群，多交流，我会给大家答疑解惑。

总体来说，我觉得交易核心的内容，就是前面这些章节的知识与逻辑体系，其他都是围绕它们来进行的。

本章总结：

我们前四章主要讲了进场、止损、止盈三种技术逻辑和盈利分布密度对我们交易体验感的影响。这四章其实把交易的整个过程和前后的影响、相互的关系，给出了一个比较清晰完整的认知，后面再加强心法训练。

扫码观看李小军老师讲解盈利分布的密度

趋势的定义是我们划分行情的手段，并没有标准化的定义方式。

The definition of trend is our means of dividing the market, and there is no standardized way to define it.

第十二章 交易的核心心法

交易认知的四大基石，构成了桌子的四条腿，前面讲了三个，本章再讲一个最核心的心法，它决定了交易员的成败。

一、交易中什么最重要

大家思考一个问题，交易当中什么最重要？

很多学员给了我反馈，我把实际场景给大家展示一下。

学员 1：我觉得心态最重要。

李小军：心态重要是对的，但心态只是结果，它不是原因。假如心态不好，做交易亏了，相当于你的身体受到一次创伤，伤口已经形成，没有办法改变了，只能去治，这是一个既成事实，你唯一的办法就是给它时间慢慢治愈和疗养。

简言之：心态是结果，伤口已经形成，是既成事实，无法改变。

学员 2：我感觉执行力很重要。

李小军：执行力是很重要，但是执行力也是一个结果，我们在“果”上面解决问题，没有找因，还是没有用的。

大家回想一下自己的交易经历，你每次交易大亏是什么原因导致的，是技术的原因吗？

我可以这样说，所有的大亏，99% 与技术无关，或者 90% 与技术无关，我为什么这样说？

从起因和动机出发，我认为，交易当中最关键的是心法！

很多大师都讲过，交易当中的心法最重要，我是赞同的。

开什么花，结什么果，交易当中的心法最重要，谈心态太远啊！

不以追求盈利为目的！这又是心法当中最核心的思想。

我们为什么要做重仓？重仓，一定是为了追求盈利，特别是当你分析了趋势与技术，觉得这笔交易的成功率非常高，确定性非常高，却忘记了交易只是一个概率游戏，忘记了行情没有确定性一说。重仓之后，到止损位了，你还想再看看，一步步探底，错失了良机。这就是重仓扛单的原因与动机，最后造成大亏或全亏。

如果不追求盈利，那应该怎么办呢？我的意思是不要只想着赚钱，心法就是不追求盈利，心态就可以做到平衡，能够有效执行交易策略。如果一心要往盈利的牛角尖钻，因为心态失衡，重仓、扛单这些事儿肯定是要发生的，你反而会亏钱。

所以，行情是否能出现，你都不要管它，**因为行情是个不确定因素，只要关心自己的单笔亏损额度，不去想赚钱的事，也不去追求高盈利，彻底打消赌徒心态，按照盈利的概率逻辑，赚自己目标范围内的钱就好了。这是交易最后能够稳定的唯一法宝**。交易与什么样的技术没有必然关系，只要你追求盈利的心冒出来，并固执己见，重仓操作，最后的结果一定不会好。即使你偶尔一两次做对了，也改变不了长期大亏的命运。

当你的心放在关心单笔亏损额度上之后，心态就会很平和，侧重点放在这里，你的心也会变得更加平静，按规矩出牌，以不争为争。道家讲的“以其不争，故天下莫能与之争”就是此理。

我们说交易中很重要的就是执行力，就是要一致性输出交易逻辑，这种能力很重要（注意，是很重要，不是最重要）。

交易，大家最后拼的不是技术，拼的就是一致性输出交易逻辑的能力！

怎么获得这种能力呢？如果只想追求盈利，必然不可能执行到位，为什么？你重仓开两把糊了，第三把还敢做吗？万一第三把仍然糊，你恐怕会产生鸵鸟效应，不敢做交易了。只要一门心思追求盈利，它最后的结果就是这样。

如果仅仅是关心单笔亏损额度的情况下，即便连亏十笔你也能承受。只要你的心不是一心追求盈利，你的侧重点就会放在执行上面。一是要控制好仓位，控制风险点；二是平静地去执行你的投资逻辑，即便亏了也认，只要保持这样的操作就没错。用一颗不追求盈利的心，你的执行力相应地就成倍提高了。大家仔细想一下，是不是这样的道理？

所以说，交易就是慢慢地把我们前面讲的这一系列逻辑串起来，顺理成章地就做完了。交易不是一个追求盈利的游戏，而是一个控制风险点的游戏，你追求盈利的心不会对你的交易有任何帮助，反而会使你的心态失衡。

总之，交易能不能盈利，就看行情能不能走出来，趋势好不好，这些都是客观的，与你追求它一点关系都没有。

只要你的交易符合这几个基本逻辑，那行情在某一时间段内总会有波动，只要交易次数有限、设定了合理的止损幅度，就可以得到一定的成功率。你做了十笔交易，总有两三笔能让你赚钱，但是哪一笔能赚钱，你提前永远不可能知道。我们在这个地方一定要死心，心死了，就不在这里白费功夫，不再去判断这十笔交易，哪几笔能成，哪几笔亏损，不要在这个地方用力了。

死心，又叫歇心，让你的心真正停歇下来。歇下来之后，你发现无事可干了，你没什么事儿要琢磨了，最后只能干一件事儿，就是执行自己的交易逻辑，持续地一致性输出，然后等着赚钱。有时候，觉得这种赚钱也很无聊，但你会拒绝吗？

二、交易的两个核心心法

交易这几个逻辑是环环相扣的，当你不追求盈利了，会出现另一个问题，就是还会抗拒亏损。

抗拒亏损，那怎么办？有两个心法解决这个问题。

第一个心法：降低仓位，降低盈利预期。很多人降不了仓位，他的思维就是既想赚、又怕亏，仓位重了，亏几笔受不了，仓位轻了，又嫌行情出来赚得少。鱼和熊掌不能兼得呀。为什么行情出来了，你嫌赚得少呢？因为还是追求盈利的心，让你陷入矛盾之中。

交易的问题有两个，一个是追求盈利的心，一个是抗拒亏损的心，这两个心不断地打架，想赚又怕亏，交易经常陷入两难。

要解决这个问题，第一个就要把“追求盈利的心”放下，不要整天只想这事，然后再解决“抗拒亏损的心”这个问题。

因为证券行业的特点，我们接收到 80% 的信息，都是挑逗我们欲望，让我们追求盈利的心变得无比强烈，一方面想赚得多，另一方面想亏得少，这两者之间不断地打架、纠结、痛苦，你学任何技术都没用，解决不了这个矛盾。

所以你要先把追求盈利的心放下来，让它熄灭，歇歇心，然后再解决抗拒亏损的心。因为你没有追求盈利的心，自然就能够降低仓位，降低心理预期，然后进入一个正向的学习阶段，就能够正常地输出自己的交易逻辑。这是交易最核心的一个问题，这个问题解决了，其实交易就没有什么大问题了。

这也是为什么很多人学了一堆技术，还是不会做交易，原因就在这儿（不能有效执行自己的交易逻辑）。不是说技术不管用，也不是技术不好，而是你无法驾驭它，管理它。

解决抗拒亏损问题，第一个方式是降低仓位，降低你的盈利预期。第二个方式就是做模拟盘，允许亏损。这个方式简单有效，通过模拟的方式养成习惯。如果你做模拟还抗拒亏损，说明你严重抗拒不确定性，有这种心理，你可能真的不适合做交易，上不了战场，一做必亏，损失惨重。

第二个心法：歇心。做模拟是允许亏损的，给它一个30% ~ 50% 的亏损，你让它亏，看它最后能亏到什么地方。有可能你做了三个月，发现一个让你很震惊的事实，不但没亏，还赚了。这就是交易的心从追求盈利、抗拒亏损到歇心的一个循环。

追求盈利的心还会导致另一个问题。假如这一次追求盈利成功了，那么你就会产生一个幻觉，觉得自己技术水平很高，觉得自己能力很强，觉得这盈利是靠本事赚出来的。这就引出了交易的第二个心法。

当你做得好的时候，一定要记住，你所得的利润都是行情给你的，不要沾沾自喜，不要认为这是技术厉害的结果。这是保护我们的第二个心法——歇心，戒骄戒躁。

第一个降低仓位和盈利预期的心法是让交易能够进行下去，一致性输出交易逻辑；第二个心法就是要记住所有的盈利都是行情给的，与自己的水平无关，这个心法可以保护我们能够持续盈利。

为什么说盈利了与你的水平没有关系呢？说一点没关系肯定是不可能的。人要低调，这样说是让自己戒骄戒躁，不要觉得自己水平高，不要觉得自己能力强，要有平常心。所以它也是一条心法。

当有一波行情出来被你抓住了，做得比较好，这时候你会觉得自己水平高、能力强、到处去炫耀。我见过很多人，猛赚了钱之后，人会发狂，失去心智。没有这个心法的保护，下一步就是走向毁灭。

物极必反，这也是大自然告诉我们的道理。

在人生当中，这个道理也是一样适用的。如果哪天你觉得自己很成功、很厉害的时候，基本上就离失败不远了。上天欲使人灭亡，必先使人疯狂。

这个道理在交易里面体现得更加直接，在你真正做得顺的时候，没有这个心法保护，非常容易出问题，这些年我见过太多这样的故事。

大家千万不要觉得这些心法很虚，听着好像不实用，在实际交易里面却是最核心的。没有这套心法的保护，你说自己的技术再厉害，都没有用的，会把你一夜打回原形。

有关交易心法的内容，我只讲这核心的两点，有些还需要我们师生、学员互动，自己感悟，他人点破，今后会在我们的书友群建立这方面的互动。更多内容，请参阅本书第十八章互动答疑、第十九章学员感悟，加深对心法的认识。

本章总结：

交易的两个核心心法：

第一，不以追求盈利为目的，适当降低盈利预期；

第二，所有的盈利都是行情给的，与自己的水平无关。

记住这两句话啊，千万不要成功一次就觉得自己厉害，当这个心生出来，可要自毁长城。

这两个核心心法，第一个心法是让我们能够有效进行交易，不争是为争；第二个心法是让我们戒骄戒躁。

两个核心心法：
第一，不以追求盈利为目的，一致性地输出自己的交易逻辑；
第二，所有的盈利都是行情给的，与我的水平无关。

Two core methods:
Firstly, I don't pursuing profitability as the goal, consistently outputting one's trading logic;
Secondly, all profits are given by the market and have nothing to do with my level.

舵手证券图书
STEERMAN SECURITY BOOK

扫码观看李小军老师讲解交易的核心心法

第十三章 顺势交易的逻辑解析

我们在很多平台上听人讲，要顺势交易，千万别逆势交易，除非你是那个与众不同的人。我们本章讲解顺势交易的操盘思路。

一、顺势交易的果因思维

1. 果因思维

研究交易技术的人都知道，交易是一个因果思维，不是逻辑性思维。因果思维就是过度夸大技术的思维模式，把技术吹成了神。其实我们换一个思维方式，用果因思维（即从果到因）来思考这个问题，就相对就更简单了。

先要明白，因果思维是什么概念？举个例子，如图 13-1 所示，假如这是个支撑阻力，用因果思维理解：因为突破 A 点这个阻力，结果就会上涨，达到 B。逻辑：因为有 A，所以出来 B。

果因思维理解，如果想要涨到上方 B 点，必然会经过 A 点。

这两种思维方式，好像区别不大，但其实有着本质的不同。如果我们理解交易的每一个环节的话，就会知道两者的区别。

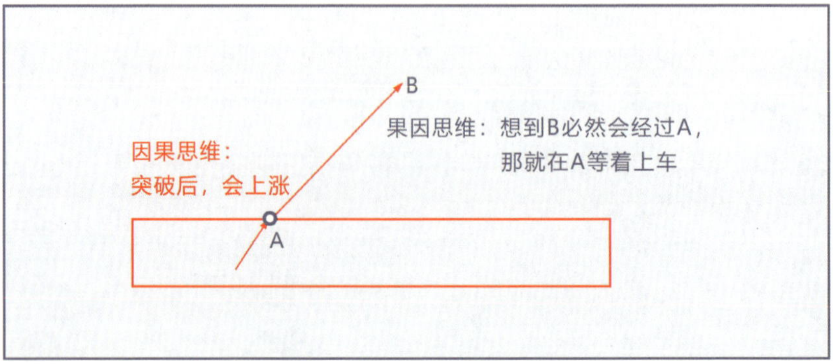

图 13-1　两种思维的比较

2. 顺势逻辑

它是一种果因思维。用因果思维是没有办法理解的。如果用果因思维去理解，就是从结果推导出中间要执行的动作。

行情从A点开始上涨到B，大概会经历图13-2这样的走势。

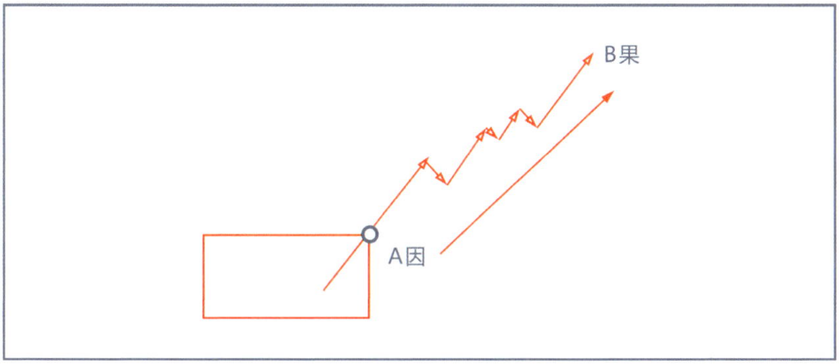

图 13-2　顺势逻辑是果因思维

在这个过程中，我们怎样去理解行情?

如果用因果思维理解的话，遇到阻力位就比较麻烦了，突破了A，不见得会涨，有可能会跌下来；突破后走到半路还是会跌下来；它可能很难到达B点。但是用果因思维来看，想要到B这儿，必然要经过A，这样看就更清晰了。

我先告诉大家第一个结论：如果从A到B要完成这个上涨动作，必然是阳线数量至少占2/3，阴线数量占1/3或更低。只有这样的力量才能完成上涨到达B，否则的话也只是昙花一现。

如果出现B，想象一下，假如我们一直去做多，你每天开盘就闭着眼睛把单子做进去，赚钱是不是大概率事件呢?

以上操作一定要用果因思维去分析，用因果逻辑没有办法分析。于是有了**第二个结论：在上涨行情中，所有的下跌都当作回调看待；反之，在下跌行情中，所有的上涨都当作反弹看待。**

3. 概率优势

行情肯定是涨涨跌跌，上涨的行情，它的阳线必然是多于阴线的。如果出现这样的结果，我们想象一下，上涨的过程中，见到阴线下跌，如果不在猛跌的时候抄底，那是不是等于说，本来只有1/3的阴线，在下跌的过程中我们又过滤了一部分阴线呢？然后等下跌速度减缓，出现盘整，我们在行情的某一个周期级别向上突破的时候再做多，那理论上来说，我们就获得了一个大概率上涨的优势，如图13-3。

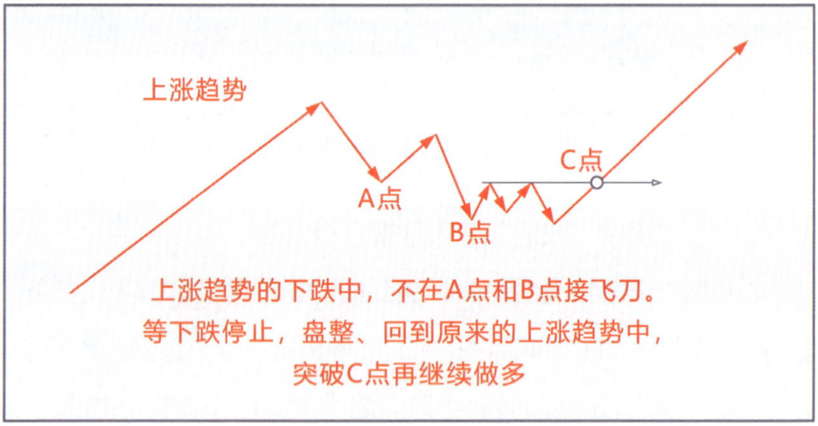

图13-3　上涨趋势的做多策略

这就是我们为什么要做顺势交易的原因，它能获得概率优势。

因为在上涨的过程中，阳线本来就比阴线多，如果下跌时不参与，又过滤掉一部分阴线。假如，回调之后如果形成一个小级别的盘整，就可以做突破。这样必然会站在高概率的一边。

当然你会说，行情很可能突破，做进去突然一下就回来了，那这个就是试单成本。因为行情与逻辑相矛盾，那就只能止损，亏一部分，也没有办法。

二、顺势交易就是截断亏损，让利润奔跑

在趋势行情里面，我们还有两个核心的操盘理念。假如说当日线的趋势方向出来之后，**第一个操盘理念是：小周期打破大周期，要么靠力度，要么靠时间。**

怎么理解？假如说小级别要打破大的上涨格局，反转一定要出现力度，没这种下跌力度我们不会去参与，要规避下跌这一部分的走势。如果没出现力度，那一般来说还需要走形态，走形态要靠时间，需要找到一个止损点。不管在哪做进去，都需要找到一个止损点，规避下跌行情中的大损失。如图 13-4。

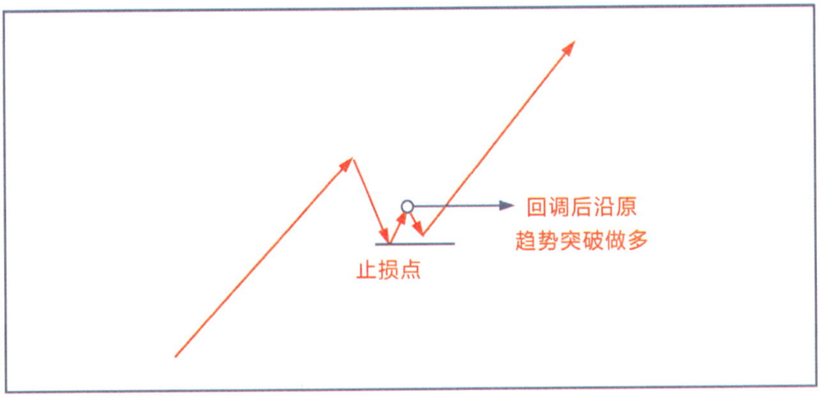

图 13-4　顺势行情设置好止损点

所以，我们就要这样去分析交易。为什么要做顺势交易，也是这样一个果出来，必然会有这个因，这个因出来的过程里面，一定是上涨的阳线大于阴线。理解了这个逻辑，再过滤掉一部分下跌，因为阳线多于阴线，所以在上涨的行情里面，把所有的下跌都按回调看待。

这样的行情如果出现了，我们必然会站在高胜率的一边。但是如果行情反转了，那我们就不会做这一笔，也可能做一下止损，或者行情一去不复返，我们也不会去参与了。如图 13-5。

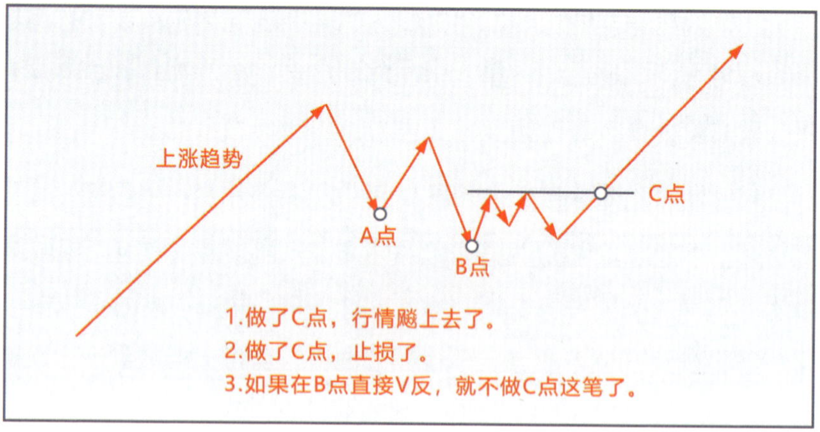

图 13-5　对顺势交易损耗的理解

在图中 C 点这个地方有损耗，也有可能成功。总体下来，我们需要获得概率上的优势，这就是我们对顺势交易的理解。

前面讲的交易理念，是四大交易基石中的一个。**这个理念就是顺势，截断亏损，让利润奔跑，这是本章第二个操盘理念。**

截断亏损是不得已而为之的办法，第一个前提是顺势（用果因思维），不管用任何办法做交易，我们一定先要对趋势（顺势）建立信仰，任何时候都不能改变。你一定得有这种信仰，就是亏死，也要亏死在顺势里，这个亏损才是有价值的。

为什么有价值呢？前面分析过了，用果因思维我们可以分析得更清晰一点，当趋势出来的时候，你就站在高概率的一边，肯定能赚钱；走不出来，你也只有很小的损失，问题不大，因为交易中不可能所有的品种永远没有趋势。

通过对上面两个理念的分析，希望我们对顺势有更充分的信仰。

三、对顺势的理解是建立概率思维

广大交易者对形态这个概念比较容易理解，下面来看下形态分析（如图 13-6）。图中的圆圈是趋势的反转点，右边是在趋势中继找高点突破，这个比较清晰。只要把周期放到足够大，它能过滤你的交易次数，减少交易，就是减少损失。

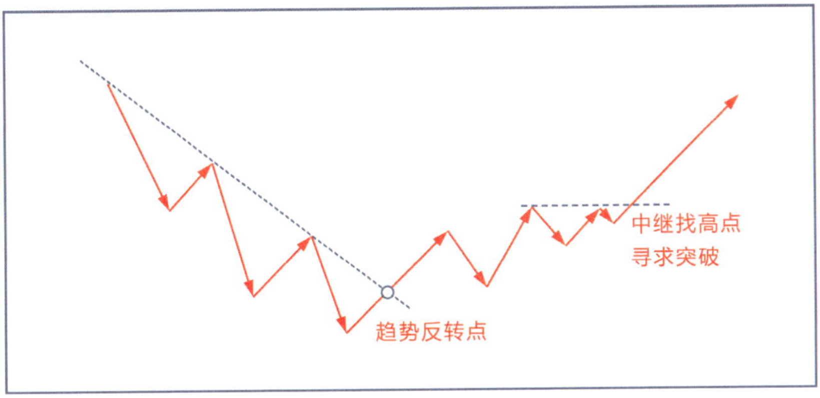

图 13-6　反转趋势中寻求突破

因为交易没什么标准，有的人可能在反转点就下单，有的人可能在突破后站稳了再下单。在反转点下单，试单次数会比较多，但盈亏比好，如果没有回踩直接一飞冲天；想等突破后站稳的人，就会错过一大段。各人追求和习惯不一样，选择自己接受的方式，不能厚此薄彼，最重要的是建立认知。

怎么定义趋势，关键是要有一致性。有的人用均线定义，用 20 日均线、40 日均线都可以定义，因为有个损耗补偿机制。

用单均线或者用双均线去定义趋势也都可以，这个工具只是过滤行情的一个手段，并不见得这样定义，它就一定会有这个趋势或结果。我们前面讲过了，只要我们有过滤手段，能够降低交易次数，它都是有效的，在这件事上并没有统一的标准。

还有一个方法，那就是 2B 法则形态。有的人可能在日线的 2B 上做，有的人可能在周线的 2B 上做，这都可以。本质上说，这些做法都是为有效减少试单次数。行情在某一个阶段，总会出现一部分波动，只要你交易的次数足够少，这几种过滤方法，都能持续地做下去，最后获得概率上的优势。

理解了这个逻辑之后，首先要对趋势建立信仰，我们亏也要亏在趋势里面。虽然是抄底摸顶（比如上涨行情在震荡区间的下边缘支撑位进场），但是过滤的也是足够大的日线。当然这个日线操作难度有点高，新手别去做了，周线支撑阻力我也不建议新手去做。在这个市场里面，你做好顺势赚的钱就够了，没必要去做这些难度大的事，而且时间成本有点高。

我们对趋势建立信仰之后，如何根据实情去定义趋势呢？用均线、形态，或者两个结合都可以，但是首先得定一个标准，标准可以定得高一点。如图 13-7，别人用 20 日均线，你为了降低难度，可以提高到 40 日均线；别人做突破反转，你为了降低难度，在上涨的这个形态里面才去做多；在下跌形态转折点不做，只做上涨站

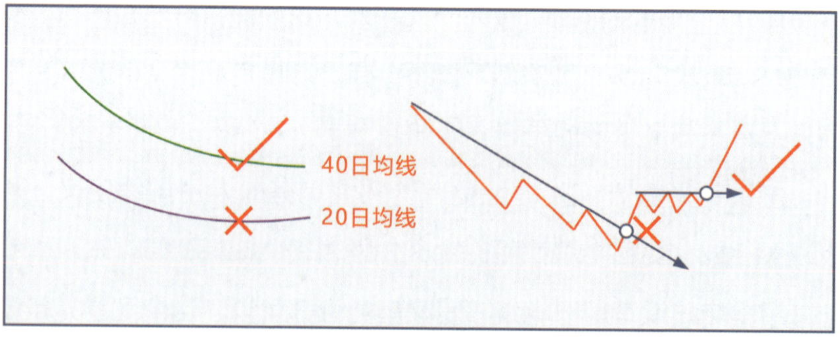

图 13-7　两种均线的比较

稳的行情。

这样操作的话，虽然你可能会丧失、过滤掉一部分行情，但是期货是多品种的交易市场，即使你过滤条件严格一点，因为品种多，总有符合条件的品种。这样的话，你跟踪的品种也减少了，操作难度也降低了。长期来看，过滤掉的一部分行情，对你交易业绩的影响并不是很大。

对顺势的理解，主要是让大家不要陷入一个固定化、绝对化的思维里面，而是要建立概率思维。

不管用什么技术手段去划分趋势，本质上都是一个技术行为。技术这个事情，它只有利弊没有对错。同时要符合交易背后的逻辑，只要符合这个逻辑，交易都没有问题。

很多人研究交易技术，最大的问题就是容易陷入绝对化思维里，唯技术是从。

就像画趋势线，总想研究这样画还是那样画最佳，稍微错一点儿都不行。我认为怎么画线问题都不大，按习惯来就可以。因为画线，是为了过滤行情，减少交易次数。不管用均线，还是用形态，或用大周期的支撑阻力，这些都是没有问题的。

对于新手来说，特别是刚开始做交易的人来说，如果用均线过滤，建议你尽可能用 40 日均线去过滤，不要用 20 日均线，因为 20 日均线太敏感了。用均线怎么过滤呢？很简单，在某个阶段，行情在 40 日均线以上只做多，在 40 日均线以下只做空。这是一个定义趋势非常简单的方法，可以在实际中使用。

当然，20 日均线也可以做，只是我觉得 20 日均线太敏感了，做起来会比较累。现在市场成交量活跃的品种有很多个，均线太小，过滤的级别也就小，做起来很不轻松。

四、用什么来过滤行情

如果用形态去过滤，一定要降低难度。交易系统是用来做舍弃的，千万不要说用一个交易系统，是为了追逐多个波动，这个思维就完全错了。用一个标准定义某种趋势，一定是用来舍弃的，舍弃得越多，反而更容易得到。少就是多，不争是为争，即是此理。

在一个上涨的行情中，你用 40 日均线过滤行情，可能放弃了 20 日均线到 40 日均线中间这一段。但是大家一定要知道，越大的周期越能降低交易难度，因为它没那么敏感。品种那么多，总有进入你这个观察范围内的品种。跟踪的品种少了，你的交易难度反而降低了。

如图 13-8，假如用趋势去过滤行情，在下跌趋势中不要去做这个突破点，要找突破完之后再回调震荡的这一段来做，这样就把这一部分（下跌的行情）也过滤了。

因为市场品种较多，总有一款符合这种形态的品种。那就只做这种最简单的形态。如果行情反转比较快的话，这个地方会直冲上

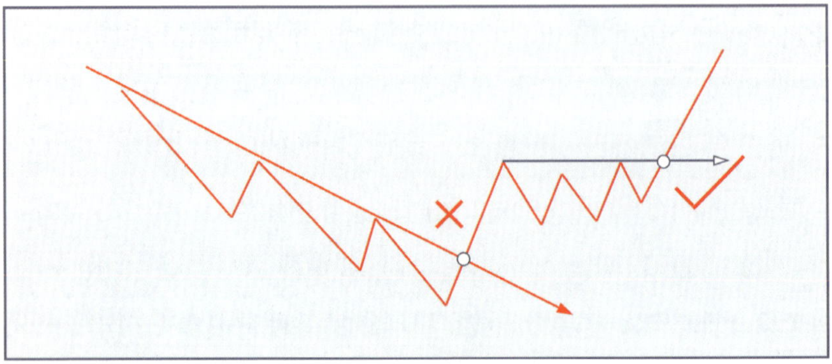

图 13-8 趋势中过滤掉不利的行情

去，那没关系，你等它回调时再做。

做顺势交易，不能说因为它涨得多，我就不敢做多，或者跌得多就不敢做空，顺势思维里面没有最高和最低一说，只有势，顺势而为！你有趋势信仰的话，不管行情有多大势，你都要跟踪到底。比如在上涨行情中，只要有回调，就要跟进去做做看，至于能不能做成功，可以先不考虑。

对趋势建立信仰的话，我们的交易思维和行动也要确立。如果老是想，做了多单，它涨不起来怎么办？万一被止损怎么办？这就说明你对交易趋势仍然没有信仰。

有句话叫牛市不言顶，熊市不言底。做上涨趋势，把所有的下跌都当回调，因为趋势的反转只有最后那一次的判断可能错误，所以你买到最高点永远是小概率事件，而且还有止损，怕什么呢。

下跌趋势行情也一样，所有的上涨，都当作反弹对待，永远是反弹，坚决不能做多，就只等反弹做空，最后真的追到底的概率只有一次。

本章总结：

1. 这一章先让大家理解趋势，它是一种顺势逻辑，做交易要对趋势建立一种信仰。

2. 趋势在交易里永远是我们的朋友，只有顺势才能获得大概率，才会赢！

交易心态是一种结果，交易的执行力也是结果，我们无法在结果上去改变结果，只能通过认知去松动我们的行为模式。

Trading mentality is a result, and the execution power of trading is also a result. We can not change the outcome based on the result, we can only loosen our behavioral patterns through cognition.

扫码观看李小军老师讲解顺势交易的逻辑

第十四章 趋势行情的演化思路

我常说，好的趋势行情，都是沿着5日均线展开的，小周期打破大周期，要么靠力度，要么靠时间。

后面这几章内容是比较独立的，不像前面有连续性，各章都是独立地针对某一个点的问题，进一步加深理解。

一、行情演化的三种思路

为什么大家在下跌行情里面会担心它已经跌到底不敢做空，这与你对行情演化模式的理解有关系。

一般情况下，行情都是涨涨跌跌、跌跌涨涨，起伏波动的，这是一个基本的行情演化模式，就是进三退二、进三退一这种。上一章讲到在上涨行情中，要把所有的下跌都当作回调；在下跌行情中，把所有的上涨都当作反弹。这是基本逻辑（如图 14-1）。

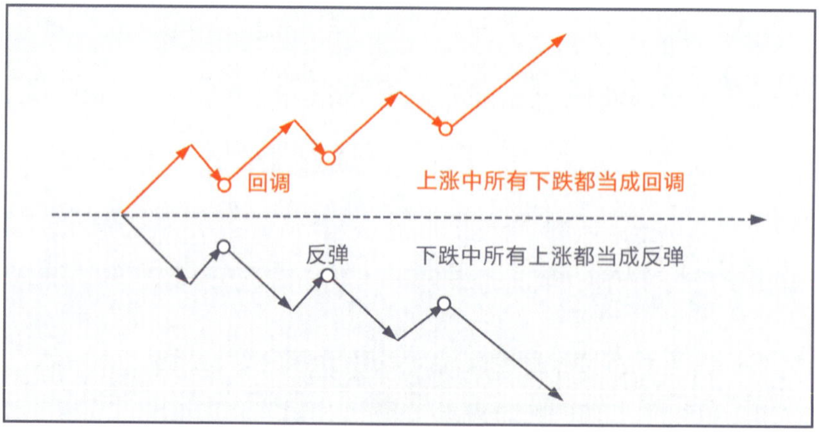

图 14-1　上涨回调和下跌反弹的逻辑

那么正常行情是怎样演化的呢?

第一种思路（如图 14-2）：一个好的趋势行情都是沿着 5 日均线前进，这是一个基本逻辑，非常重要。

第二种思路：小周期打破大周期，要么靠力度，要么靠时间。

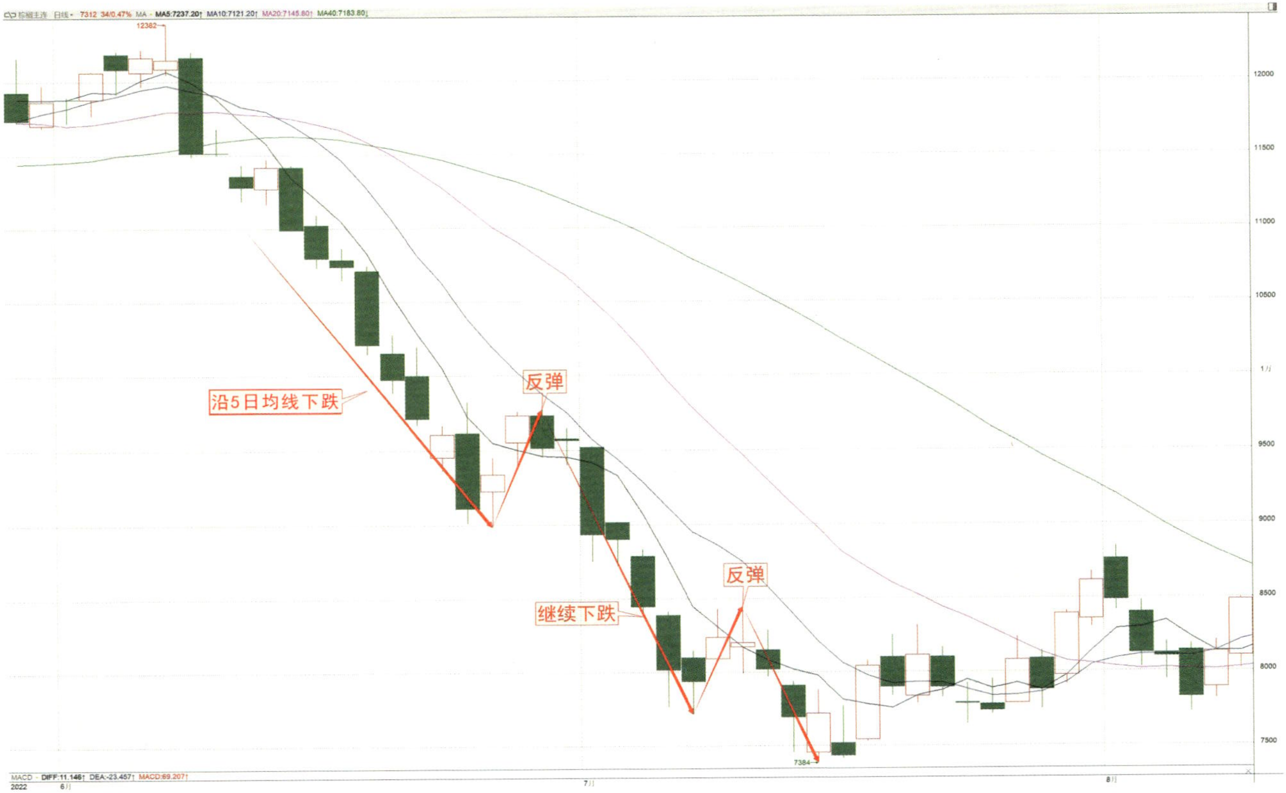

图 14-2 沿 5 日均线下跌行情

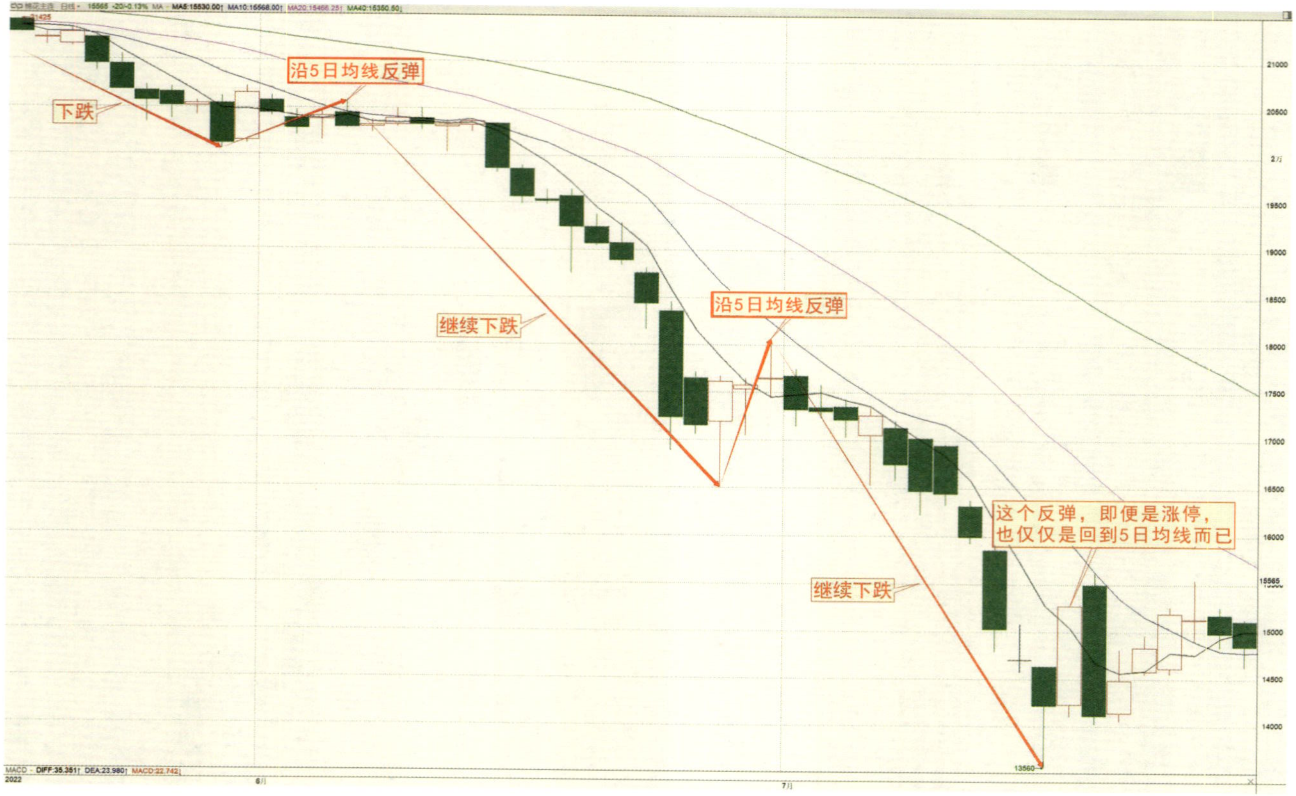

图 14-3　沿 5 日均线反弹后继续下跌行情

如果理解了这两种思路，有止损并不怕！

先看第一种思路，沿5日均线前进。图14-2为下跌的趋势行情，所有的上涨都当反弹去对待。图中沿5日均线反弹，反弹结束后，继续下跌。

再看图14-3也是下跌趋势，沿5日均线前进。价格沿着5日均线反弹，反弹结束，继续下跌。

这两个图都是下跌趋势，即便有反弹和涨停，也仅仅是回到5日均线，没有改变下跌的趋势。

我们坚持这个思路去做交易：反弹结束做空，盘整结束做空。

沿5日均线前进的如图14-4所示。这种行情的操作思路是：沿5日均线反弹后做空；盘整后做空；就是不能在底部这个地方去追，这个地方追的话，如果行情反转，会让你亏得很惨。这是一个最基本的常识，要等反弹结束后再做空。

再看第二种思路，小周期打破大周期，要么靠时间，要么靠力度。

这个怎么理解呢？假如说我们在1小时或2小时线上看到一波上涨，按照我的思路，如果小周期要打破或改变大格局，它一定要在这个地方出现力度（力度就是会有连续大阳线反弹，如图14-5上半部）。有力度的情况下，我们也不会去接飞刀。

假如这一波真的是个底，那如果按照策略做的话，就会丧失一次止损。但是你不能因为猜测可能会被止损，就不敢去做，这是不合理的，就像担心结婚了会离婚，索性就不结婚一样，这种担心是多余的。只要你在交易的路上，总有一次让你在这个地方止损，这是一个基本逻辑。

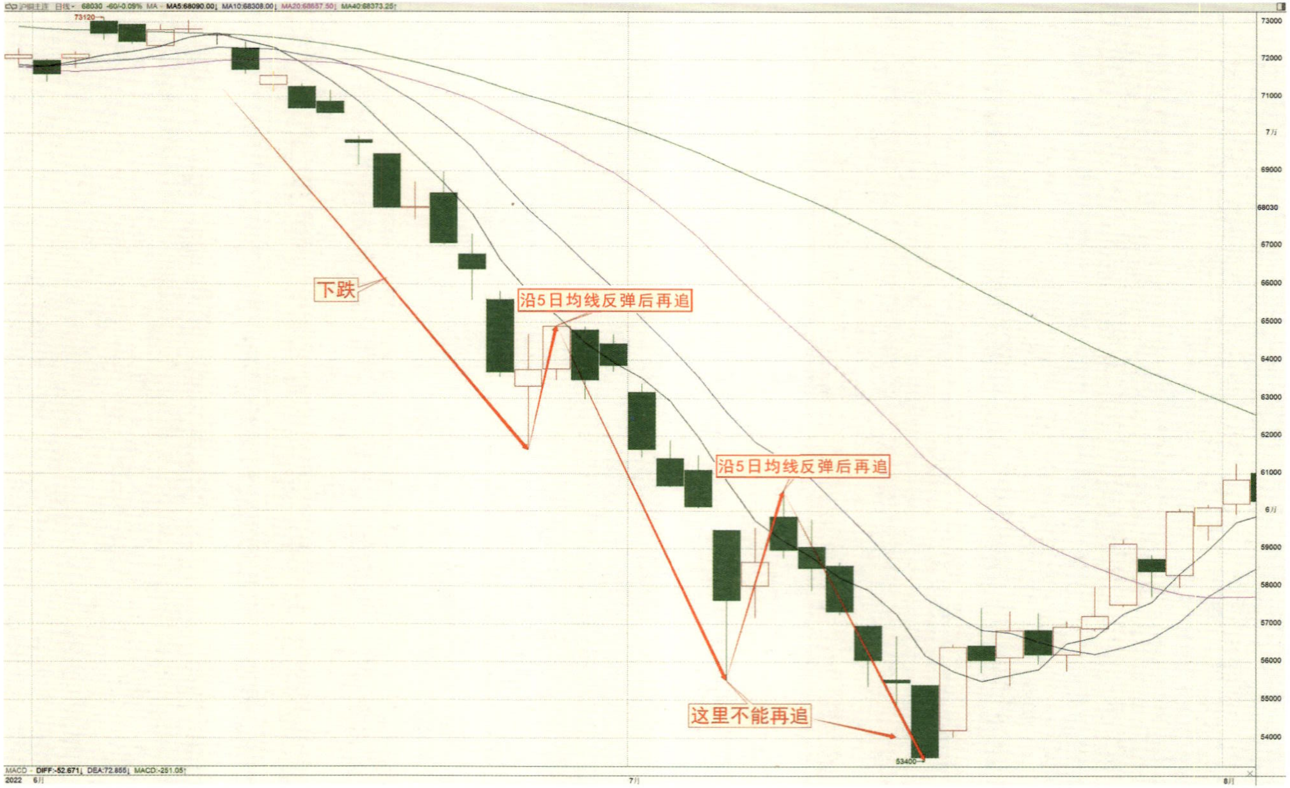

图 14-4　沿 5 日均线底部不能再追跌

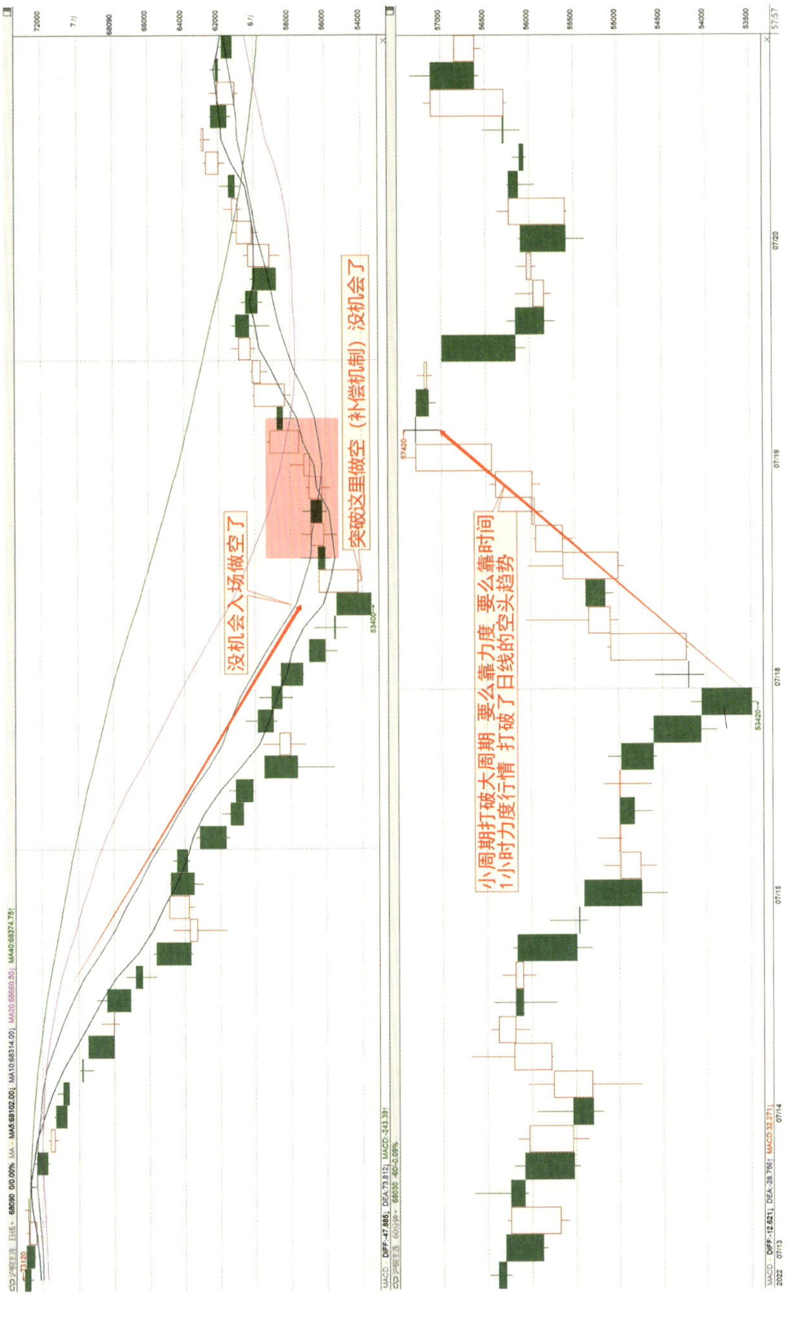

图 14-5 反转行情要么靠时间要么靠力度

第三种思路，这种情况叫加速，行情末端的特征就是疯狂加速，疯狂加速后，就会疯狂反转，就是力量释放完了，容易反转（如图14-5下半部）。如果你见到行情加速，可能就快到底部或顶部了；没有见到加速之前，就一直按照这个趋势的方向做。一般情况下，只要看到加速，加速之后的反转是非常凌厉的。加速也仅仅是一个止盈离场而已，不能逆势去做多做空。

反转如果非常凌厉的话，肯定是要出现一个非常强的力度。

二、强力度反转操作思路

针对上面第三种强力度行情操作思路，我举几个例子。

【例1：原油】

大家看图14-6是上涨趋势，图上的大力加速就是涨停，两个涨停就应该小心了。加速之后低开，基本上行情就要反转了，如果还延续做多的思维，肯定做不成，但是根本不用担心。连续地涨停，然后加速、反转，反转力度很快，只是会影响你的止盈，其实想做多也做不进去（速度太快或没有合适的点位），如图14-7。

这种加速只会影响止盈，并不会影响我们的思路。如果趋势做对了，想再加仓建一个多单，行情只要在5日均线上面，就可以继续做多。不要怕！

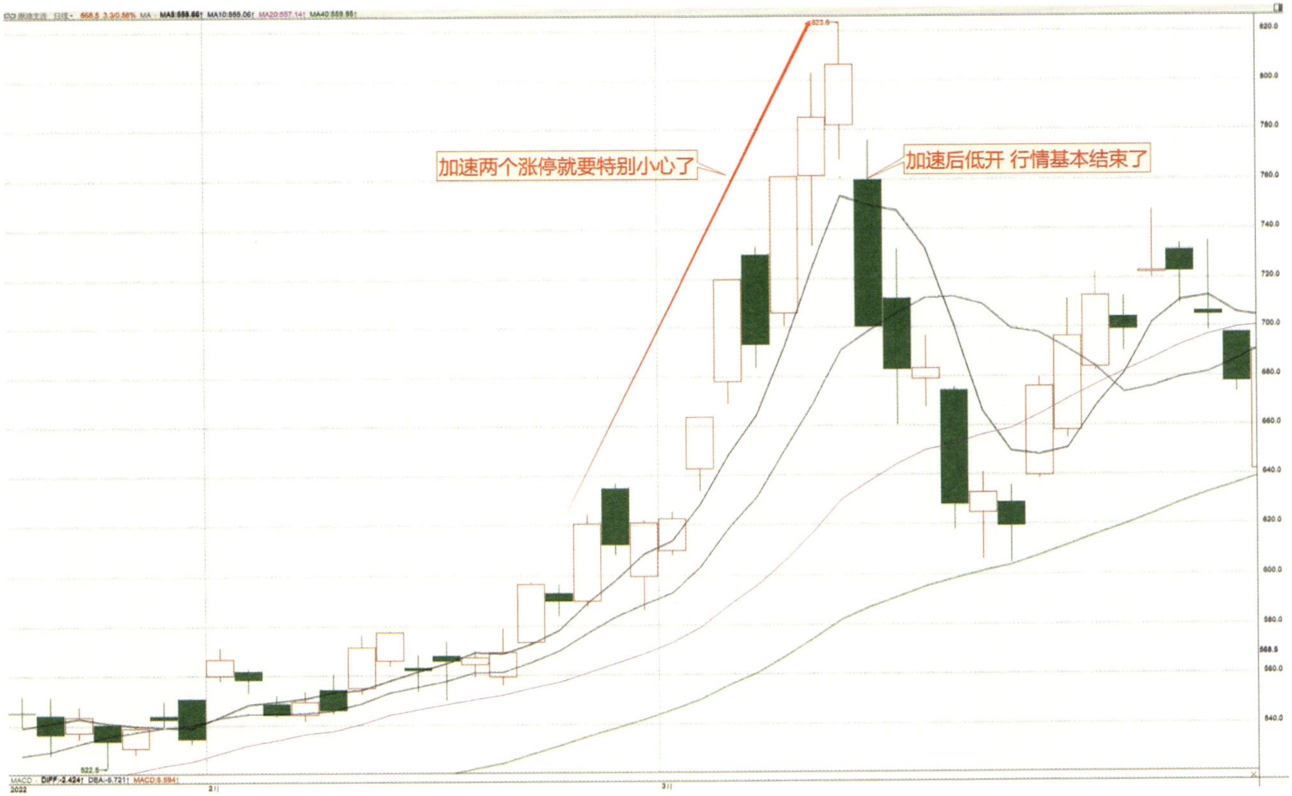

图 14-6　加速涨停后面低开要特别小心

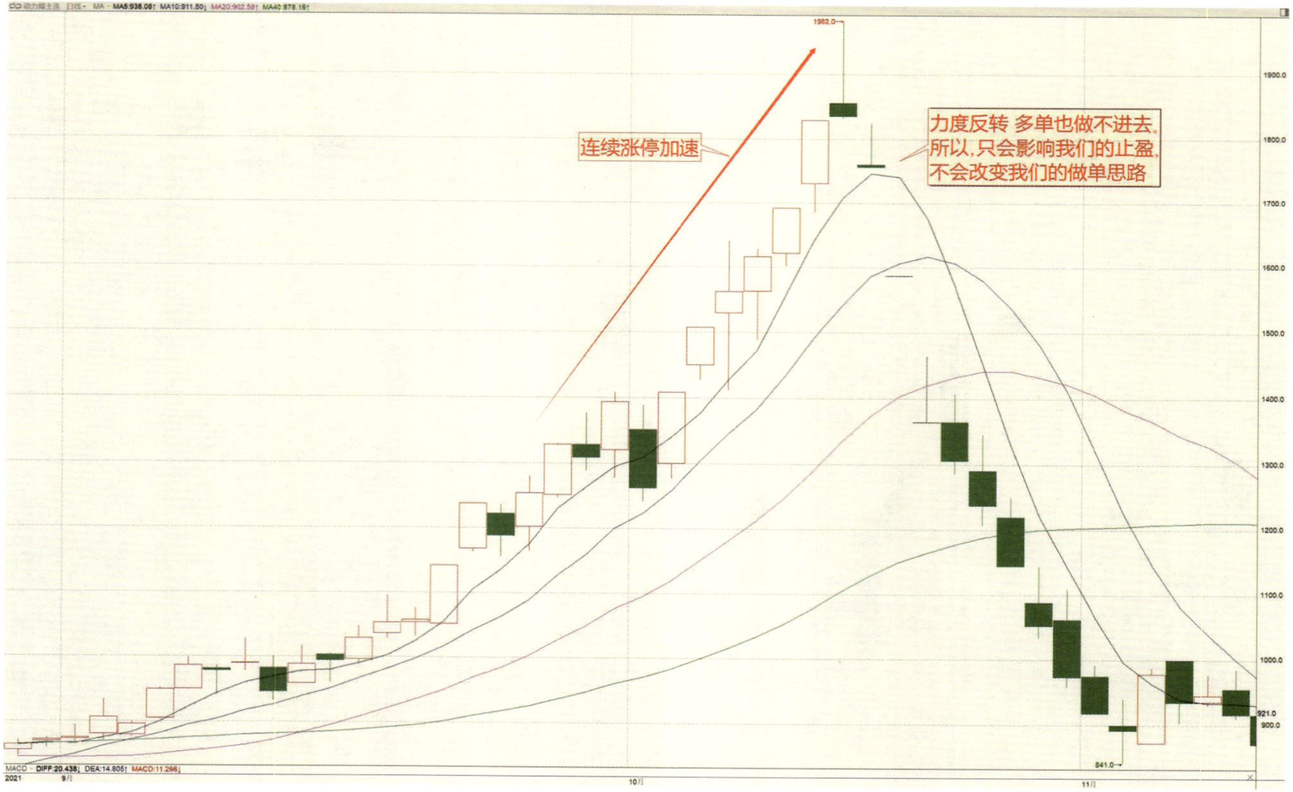

图 14-7　加速涨停后多单做不进去

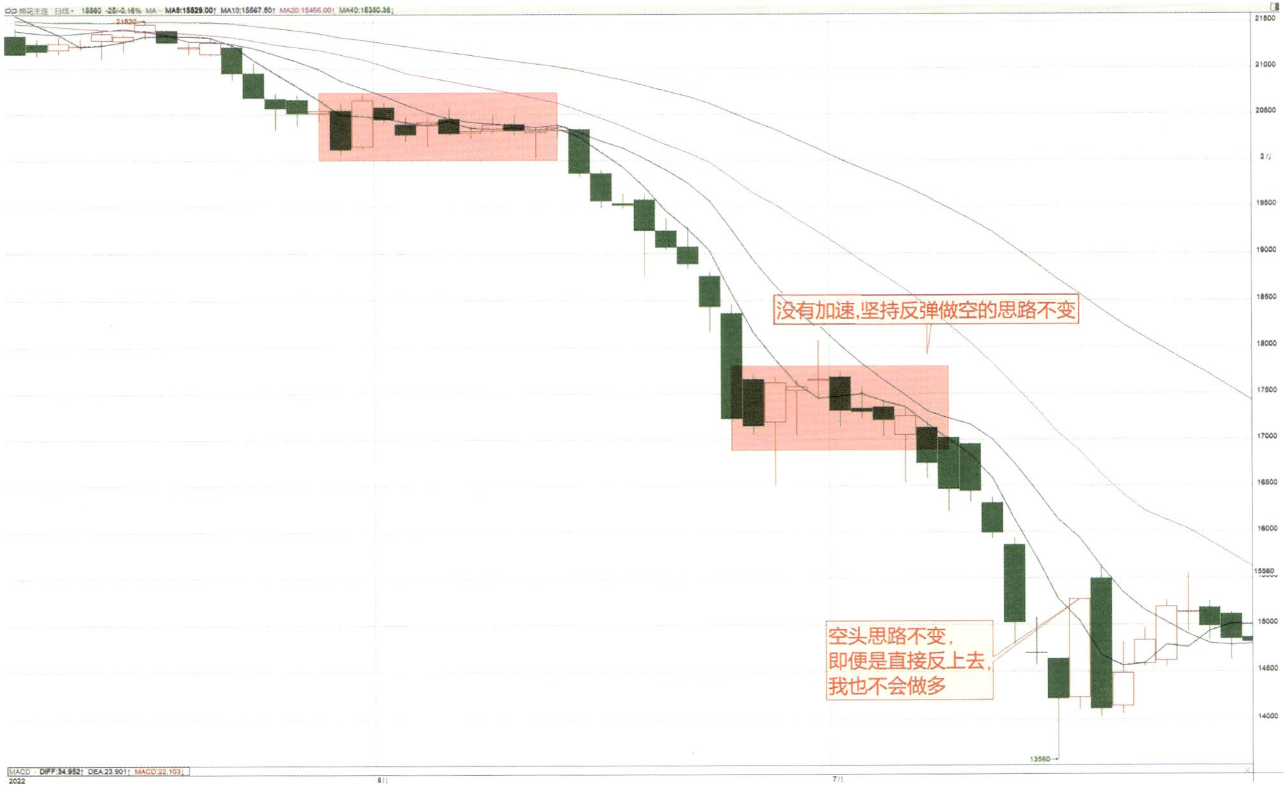

图 14-8　没有加速的行情，做空思路不变

【例2：棉花】

如图14-8，还是坚持做空单，为什么？因为它没有加速，只是反弹，怎么可能一下子返上去呢。它即使返上去也不能做多，在这里停顿之后还是坚持空头思维，这个是不能变的。

这就是行情演化的基本模式，如果不是靠力度反转的话，那是要走形态的，形态怎么走？要靠时间，慢慢熬。

走形态的话，即使反转，反弹完之后，还得往下走一段，然后才能上去。这就是走形态的意思。如图14-9，小周期要么靠力度上去，有力度有时也不一定能上去；靠时间走形态，即使做，行情没有配合，止损问题也不大，不会损失太大的。

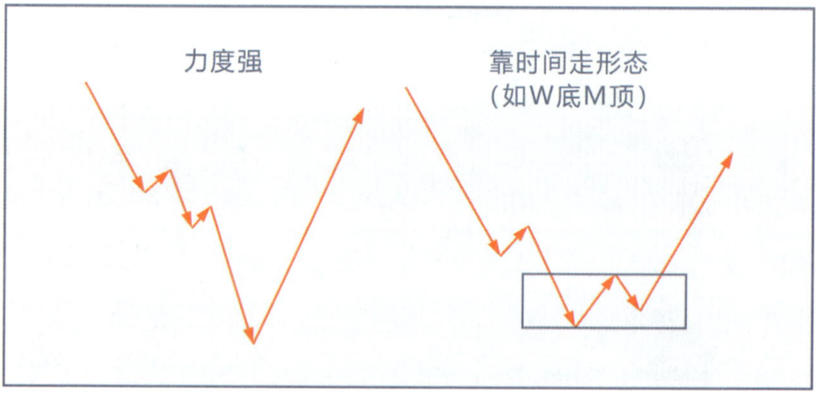

图14-9 行情反转的形态

这就是一个行情基本的演化模式，大家要加强理解，对趋势建立信仰，不要动不动一个反弹就改变立场。

通过5日均线三种思路来做，长期来说是很划算的。

小结

总之，在上涨趋势里，所有的下跌回调做多；在下跌趋势里，所有的上涨反弹做空。

我们做交易，一定得要看准长期趋势，不要被行情的一个回调一个反弹吓坏，甚至去追多杀空，这都是不可取的。

本章总结：

了解趋势行情的三种演化思路，更容易对趋势建立信仰。在上涨大趋势里，所有的下跌回调做多，在下跌趋势里，所有的上涨反弹做空。

扫码观看李小军老师讲解趋势行情的演化思路

交易保持平衡输出最重要的是心法，心法影响心态，而最核心的心法是不刻意追求盈利、不抗拒合理的亏损。

The most important way to maintain a balanced output in trading is through the mind method, which affects the mindset. The core mind method is to not deliberately pursue profits and not resist reasonable losses.

第十五章 资金管理是选择问题

大家要对资金管理有一个充分的认知，它其实是个人的选择问题，是一个非常个性化的事情。大家不要去追求标准化、大众化、高利化，也不要去模仿别人，要选择适合自己的资金管理方式。

一、什么是资金管理

先说两个资金概念。

1. 本金回撤：就是 100 万元的本金，亏了 20 万元，变成 80 万元，亏损的部分，就是本金回撤，即回撤了 20%。

2. 利润回撤：100 万元的本金，盈利了 20 万，就叫本金盈利 20%。假如又从 120 万中亏了 20 万，又到了 100 万，叫利润回撤了 20 万（也叫利润回吐）。

假设以一年为计算单位，年初计划投资 100 万元在期货上（股市也适合的），怎么来安排资金呢？首先考虑的是如果亏了，我能承受的极限亏损额度（即本金回撤）是多少，一定要设一条线，这就是大家常说的基金清盘线，到了这个额度，今年这个账户就停止交易了，不再继续进行操作。明年再说明年的安排。

市场上，大多数交易者，所能承受的年度最大亏损额度是总投资额度的 20% ~ 30%，这是一个总的平均值，因人而异，高的可达 60%，低的也就是 5% ~ 10% 的样子。

下面重点说说资金管理。

资金管理就是用一些方法，在盈利的基础上，控制账户资金回撤幅度，也叫扛回撤，主要控制好亏钱、下跌。

以损定量管理法是一个好的资金管理方法。这个方法适合大中小资金，适合新老交易员，容易执行，效果最好。

下面举例说明：以100万元为例，按照最大回撤20%算，就是亏20万元。

从理论上说，如果单笔亏损按照1%算就是1万元。连续亏20次就达到了20%的清盘线。

以螺纹钢为例，如果这笔钱止损是一手10点（1点10元，10点100元），一手就是100元，10手就是1000元，100手就是1万元。开仓100手全亏掉，就是1万元。

如果这笔止损是一手100点（1点10元），一手就是1000元，10手就是1万元。开仓10手，全亏也是1万元。这种以仓位和止损额度相互调整，来保证单笔亏损1万元的方法，就叫"以损定量"资金管理法。

二、资金管理的好处

在这里提醒大家，资金管理是新入市的交易者非常容易忽略的问题，错误地以为小资金不需要管理，其实不是的。

图15-1的资金曲线图，加了资金管理，有调控，曲线相对平

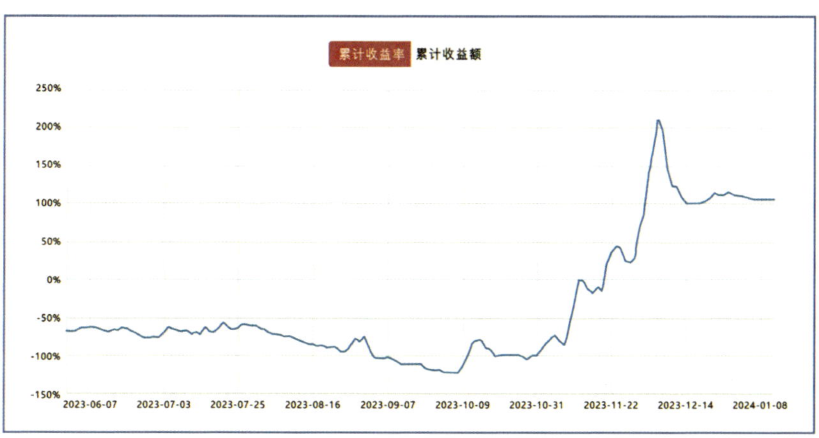

图15-1　资金曲线图

滑，不会出现大跌的坑。这是有利的地方。

图 15-2 的资金曲线图，不加资金管理，容易跳坑，也容易大幅上升、大幅下降，风险很大。这是不管理资金的弊端。

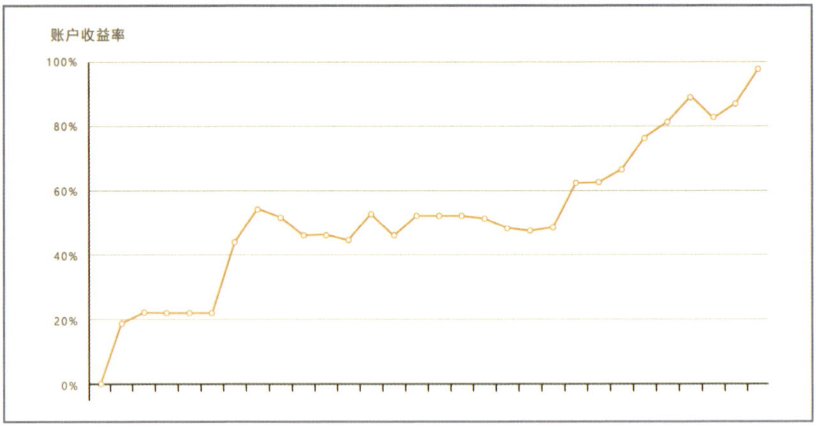

图 15-2　资金曲线图

无论从事股票还是期货交货，建议读者朋友们，尤其是职业交易员，一定要管理好自己资金，通过资金账户自动画好每天的交易曲线。长期下来，从资金曲线就能直接判断一个人的盈亏、回撤幅度与抗压能力。也欢迎读者和学员朋友，经常在我们书友群分享资金曲线图，我会不定时给大家诊断，提供一些参考。

三、资金管理的原则

资金管理有几个重要原则，我们通过例子来说明。有个交易者有 100 万元，交易账户里有 5 万元，他永远满仓拼。这个满仓对他来说没有压力，没了就没了，无非就是 5 万元。但是，你不能去学他，因为你不知道他背后有什么经济来源。

有的交易者单笔亏损 1% ~ 3% 不会有问题，就是总本金回撤在 40% 也没问题，交易不会变形。可是对你来说，可能本金回撤 10% 心理压力就大了，所以说你也不能去模仿别人，因为你和别人的资金来源、心理承受能力都是不一样的。

资金管理第一个基本原则，就是以自己的承受力作为标准。

就是说，资金单次亏损额度首先要定下来。即连续止损下来，你的心理平衡不能被打破。我视之为资金管理的第一原则。

不要听别人是怎么说的怎么做的，资金管理千万不要去模仿别人。你自己的半斤八两只有你自己最清楚，如果自己比较胆小，那就按胆小的原则来，把回撤幅度调小一些，没关系。

我有一个学员做交易，他常年的单次止损幅度是 0.1%，止损额很小，大家是不是觉得他没出息啊？但是你们要看结果，他每年的收益率 20% 左右，比市场上 99% 人都强，不能说人家不行吧？交易这件事没有标准化，有人大胆，有人胆小，我觉得执行起来很舒服就是普遍的标准。但最重要的是结果，无论你用什么标准，可以不赚钱，但一定不要亏得倾家荡产。

一般新手单次止损幅度在 0.5% ~ 1%，基本上就差不多了；而承受力强的人，其止损幅度可能达到 2%、5%、10%。

资金管理第二个原则，我认为也很重要，就是单次止损幅度自认为能承受 1%，可以适当地缩小一点，缩到 0.5% 上下，按 1% 的五到七成来做。

举一个例子大家就彻底明白了。假如你正常时能够背 50 公斤的东西，很多人就夸口说能背 60 公斤。假如你认为 1% 止损还可以，你偏要放到 1.2% 或 1.5%，超过自己正常的承受能力，问题就来了。当你背 60 公斤的时候，你不仅背得很累，而且走不远，你可能走一会就累得走不动了。止损的道理跟这个一样。

把你的止损幅度调小一点，就是说，假如你有背60公斤的能力，但是你只背了50公斤或35公斤，你就会走得更轻松更远，最后会胜过绝大多数人。你不要去羡慕别人能背100公斤，每个人体格不一样，力气不一样，你力气小，就少背点，能走得更远，走远比走快更重要。

交易止损幅度也是这个道理，你能承受10%，再降到五至七成，你会做得更轻松，最后累计下来比多数人还赚钱。

两者道理是一样的。在交易行业，活得久更重要。

这就是资金管理的一些道理和原则，跟我们的生活是一样的，大家感受一下，多在书友群交流止损的经验。

本章总结：

资金管理没有固定标准，以自己舒服的标准去执行，同时一定要画出资金曲线，时常检查盈亏；在执行过程中，止损幅度可以稍微打折，降低止损幅度，让自己做得轻松些，长远些。

扫码观看李小军老师讲解资金管理的问题

第十六章 损耗补偿机制

这一章讲损耗补偿机制，它是一种思维方式，我们从中可以学会果因思维。

一、损耗补偿机制在爆点模式进场的应用

损耗补偿机制是一种思维方式，我们从几方面来理解。

第一，理解损耗补偿机制，就不会过度追求技术的完美性。

损耗补偿机制的原理如下：采用 30 日均线或者 40 日均线跟踪行情，这两种方式都是可以的。为什么？因为它有损耗，如图 16-1 所示，30 日均线在这个点跟踪进去，40 日均线在那个点跟踪进去。30 日均线跟踪进去在这儿止损，若是成功了，它在这个位置到 40 日均线这一段有补偿，所以这叫损耗补偿机制。

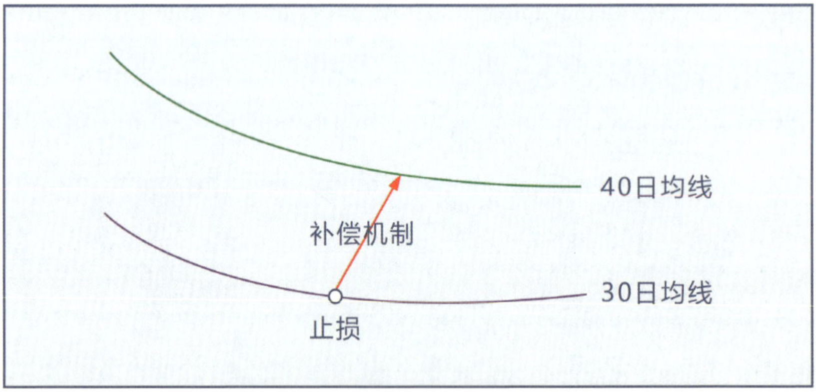

图 16-1　损耗补偿机制

从理论上说，选择哪种均线模式都是没有问题的。为什么这么说呢？就是你过滤的周期级别越大，品种越多，你的操作会变得愈加简单。

包括我们前面章节讲30分钟、60分钟或者2小时这类波段，作为止损幅度的话，其实也可以用损耗补偿机制去评价它、理解它。每个周期的胜率降低了，盈亏比会相应提高的，这也是一种损耗补偿机制。

交易里面，很多时候都存在这样的损耗补偿机制。

大家先知道第一条损耗补偿机制，慢慢理解。

第二，我再讲损耗补偿机制在爆点模式里的应用，看在各种条件下进场是如何补偿的。我们现在训练时采用的是2小时周期进场，它在严格意义上讲不是爆点模式。

举一个例子：做突破的人经常会有一个疑问，如图16-2，选哪个突破点作为自己的标准呢？这时，你就可以用到损耗补偿机制。假如你的止损是0.5个ATR，这一天你准备做一个多单突破，用果因思维去推导一下，如果要在1点进场，它的确定性没有2点高，果因思维告诉我们，它要涨到3，必然要经过2。理论上我们对1没有必要做的，因为相对来说它是因果思维，通过1到2，然后再推导到3，是这个顺序。在实际交易里面，我们要用损耗补偿机制

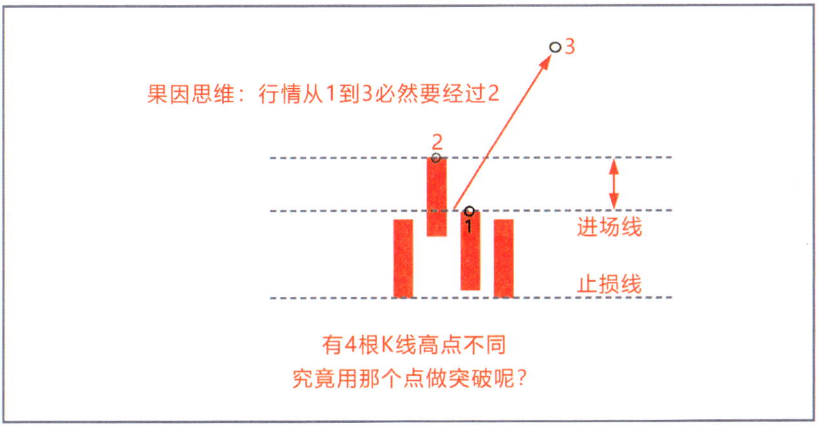

图16-2　选择突破点的标准

去做一个取舍。

在突破点 1 这个地方做，它会有三种可能性：

第 1 种：进去直接被止损，你会付出一次成本（亏）；

第 2 种：虽然没有到突破点 2，但是退出时没怎么亏钱（平）；

第 3 种：进场后经过点 2 直接到点 3，最理想，能赚钱（赚）。

交易只有这三种可能性。大家千万不要绞尽脑汁想，怎样在点 1 和点 2 之间不亏还能赚，那就会越研究越迷茫。

那好，明白损耗补偿机制这个概念就好办了。如图 16-3，可以看到点 1 和点 2 之间的价差是多少。粗略计算一下，如果这两个点价差只有 0.1 个 ATR 到 0.2 个 ATR 的话，那在点 1 做进去，等到点 2，补偿机制（占的便宜）只得到了 0.1 个 ATR 到 0.2 个 ATR，但是潜在的损耗有可能有 0.4 个 ATR 到 0.5 个 ATR，占的便宜补偿不了损耗，就是亏的。如果用损耗补偿机制去思考这个事，那突破点一定是放在点 2，这对我们交易是最有利的。

同样是图 16-3，如果点 1 到点 2 的价差是 0.3 个 ATR 到 0.5

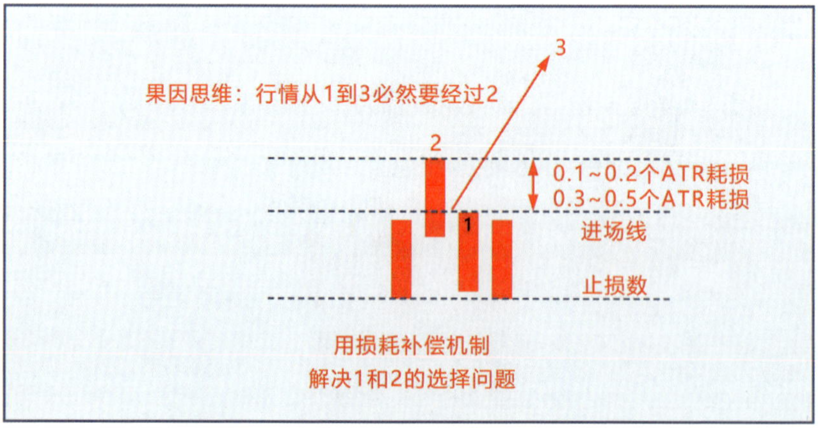

图 16-3　用损耗补偿机制寻找突破点

个 ATR，点 1 进场，即使失败了，可能损耗也只在 0.3 个 ATR 到 0.5 个 ATR 之间。但是假如成功了，就可以对这个损耗进行有效补偿。

二、损耗补偿机制在爆点模式止损的应用

上面是损耗补偿机制在爆点模式里面进场的应用，下面讲损耗补偿在爆点模式里面止损的应用。

止损，虽然它的原理绝对是数学逻辑，但是交易时止损有两种方式:

第 1 种: 有的人喜欢每一笔固定止损，他不看图形，就是设 0.5 个 ATR，这样长期下去也没问题。

第 2 种: 有的人喜欢在图形上找一个点，然后把这个点作为自己的止损依据。大家一定要记住，你找的这个点仅仅是你止损的一个依据，并不代表就是真实的、客观的、有效的。明白了这个道理，如果你想在图上找一个点，并把这个点作为止损依据的话，你可以运用损耗补偿机制去找。

如图 16-4，怎么用损耗补偿机制找这个止损点呢?

要在图中找一个止损依据，点 1 和点 2 的点差很小，可能只有 0.1 个 ATR 甚至 0.5 个 ATR，在差距不大的情况下，宁愿选择点 2 作为依据。

这时候要记住，因为进场有一个原则，就是尽可能地减少进场次数。理论上如果能有效补偿的话，要把进场次数做得越少越好。前面讲过为什么要在点 2 做突破，是因为它有个损耗补偿。

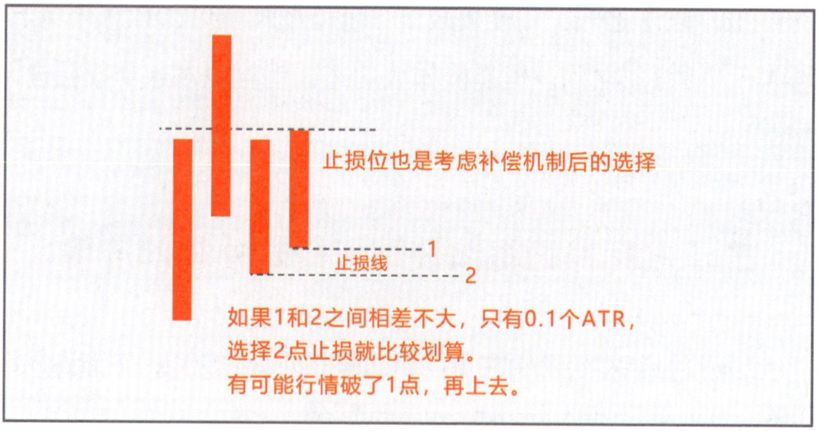

图 16-4　用损耗补偿机制寻找止损点

止损也一样，在点 1 止损之后，行情有可能直接上去了，那我宁可放在点 2。如果不机械地去设止损点，就要用损耗补偿机制的思维方式去找止损的依据。

让我们来看沥青 2209 的实操案例（如图 16-5）。

沥青这个案例是做多的交易，确定了进场位置，就可以在两个点位之间，进行损耗补偿机制的判断。一个是破了 4500 做，一个是破了 4567 做，两个价差为 0.5 个 ATR，符合损耗补偿机制，我就会选 4500 突破做。再看图中 4890 和 4912 之间，两个位置间有 0.2 个 ATR，小于 0.3 个 ATR，从长远来说，它的价值、潜在的损耗补偿机制是不具备的，那宁可等突破了再做。

再看豆油 2209 的实操案例（如图 16-6）：

图中的豆油处于调整期，调整完之后怎么做呢？从图上能看到 1 ~ 5 这五个点，你们看作哪个点最划算？用损耗补偿机制来做的话，一看就知道了。10186、10198、10214，即 3、4、5 点价差不足 0.1 个 ATR，我就会选 3 点 10186；再看看 2 点 9860，价差 326，当时的 ATR 是 318，就是盘中实时的 ATR 是 318，

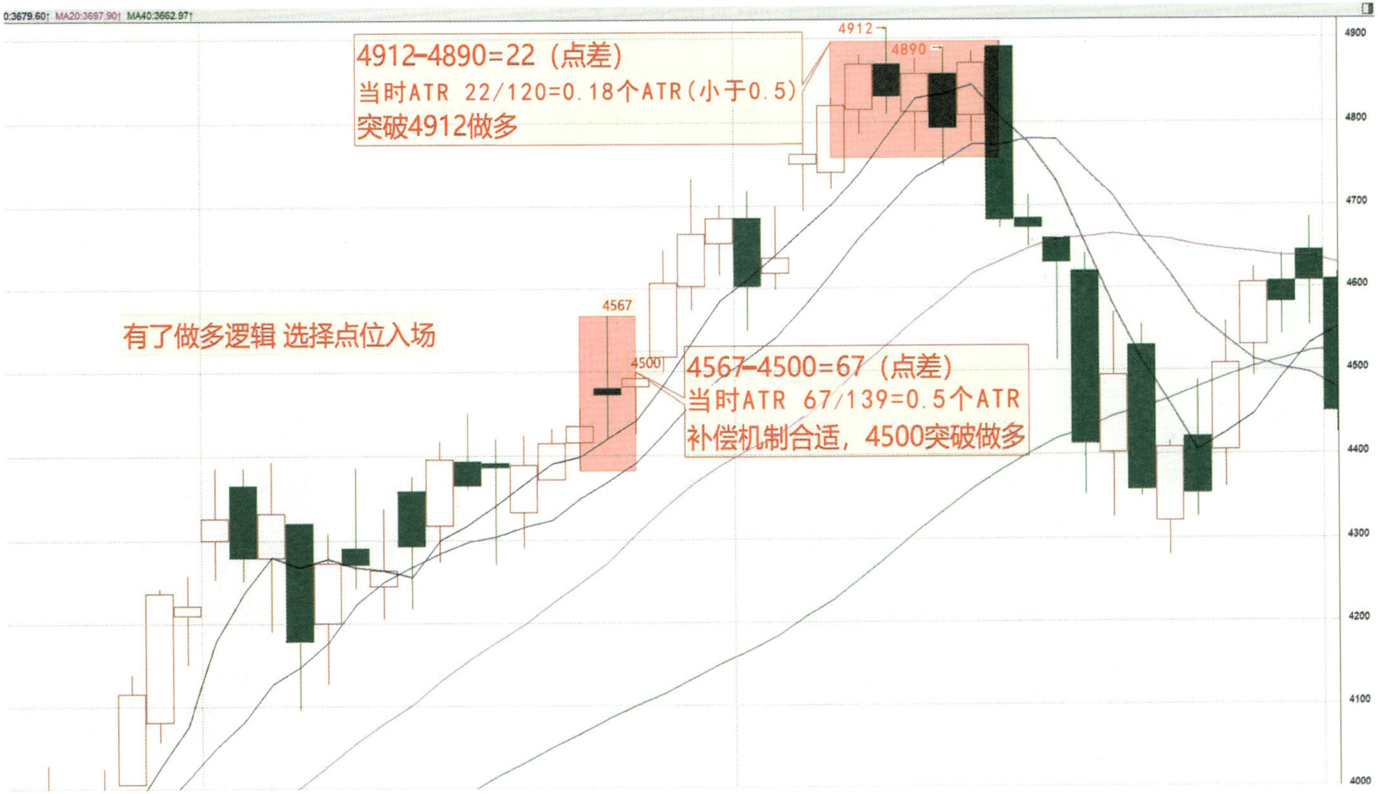

图 16-5 沥青的损耗补偿操作思路

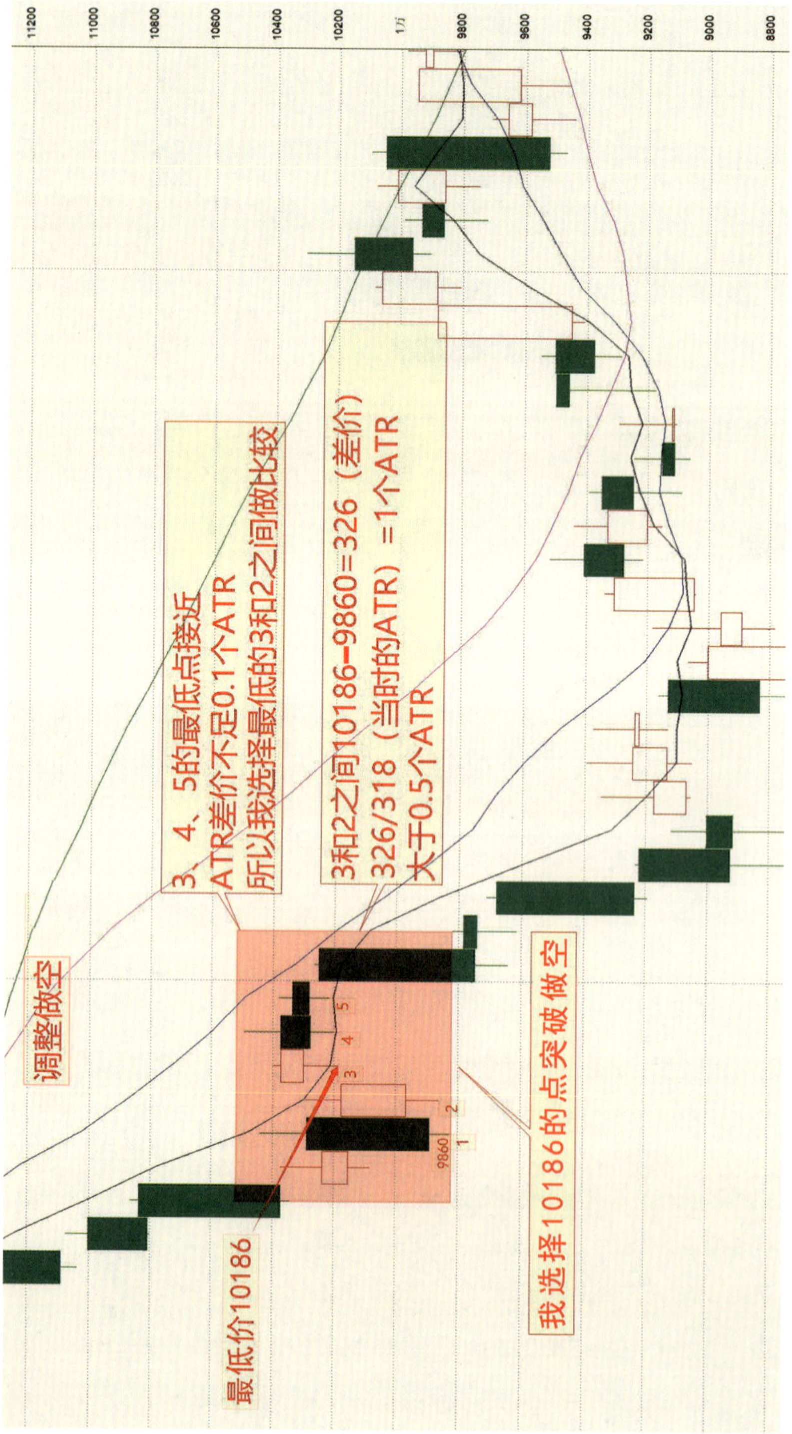

图 16-6　豆油的损耗补偿操作思路

已经相差 1 个 ATR 了，因此，损耗补偿机制下选 10186 最优了。

给大家举的案例，就是为了说明爆点模式到底是怎么选进场点的。用损耗补偿机制的思维去选进场点就行，因为长期看来它更有利。

本章总结：

损耗补偿机制的三个应用：

1. 在研究交易系统、交易方法的时候使用，如果能理解损耗补偿机制，你就不会过度追求完美性。

2. 使用爆点突破、支撑阻力进场的时候选进场点，用损耗补偿机制去选就行了。

3. 损耗补偿机制既可以运用在选进场点，也可以应用在选止损点上。

扫码观看李小军老师讲解损耗补偿机制的应用

在上涨行情中所有的下跌都当作回调看待，在下跌行情中所有的上涨都当作反弹看待。上涨中所有的阻力都是被用来打破的，下跌中所有的支撑都是被用来打破的——这就是顺势的信仰。

In an upward market, all declines are considered pullbacks, while in a downward market, all gains are considered a rebound. All resistance in an upward trend is used to break, and all support in a downward trend is used to break: this is the belief of the trend.

第十七章 爆点过滤机制

这一章要讲的，是如何过滤一部分假突破、假爆点。

做交易，首先要明白一个道理：假突破是没有办法真正把它过滤掉的，但是可以通过逻辑思维来减少试单次数，这个是绝对可以做到的。

一、突破失败的两个思路

有交易者说，做交易中，怎么感觉每个突破都是真的。你们信吗？肯定不信，不可能每个突破都是真的，那是不可能的事！上一章我们讲了损耗补偿机制的思路，其实它是一个减少你试单次数的逻辑，也是一个小办法。

这一章，我再给大家讲一个非常核心的东西。从事交易时，大家永远记住一件事情：**在趋势行情里面，不能在有逻辑概率的情况下挑三拣四选择不做，这是不允许的。**

如图 17-1，假如你做了一个向上的突破（假突破），又掉回来了，这就是突破失败，被止损了，你怎么办？

你不能说因为被止损一次，害怕了，你就不做了，这是不允许的，难道你一生都不做交易了吗？

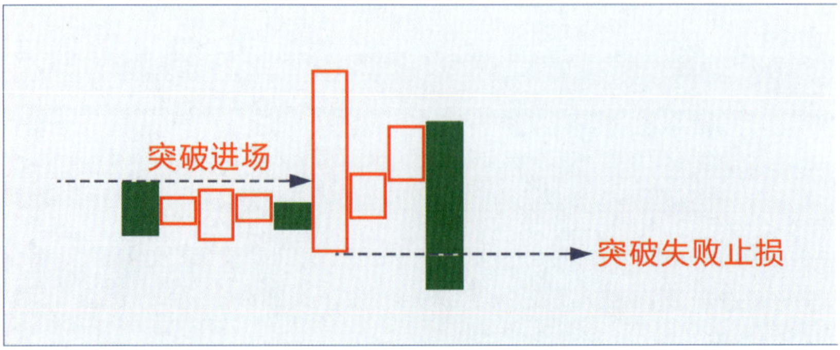

图 17-1 突破失败的情形

突破失败后有两个思路。第一个思路，向上做突破失败了，后面要提高进场级别。有一个基本点，就是不能在下破的阴线高点做向上突破。如图 17-2 中，在图中 1 处，要么把突破点设在第 1 根 K 线上方；在图中 2 处，要么把 K 线级别往高处提，因为阴 K 线是个单 K 线，你就提到后三根阳 K 线顶端，把 K 线级别提高。这种思路可以减少在这个地方试单的次数。

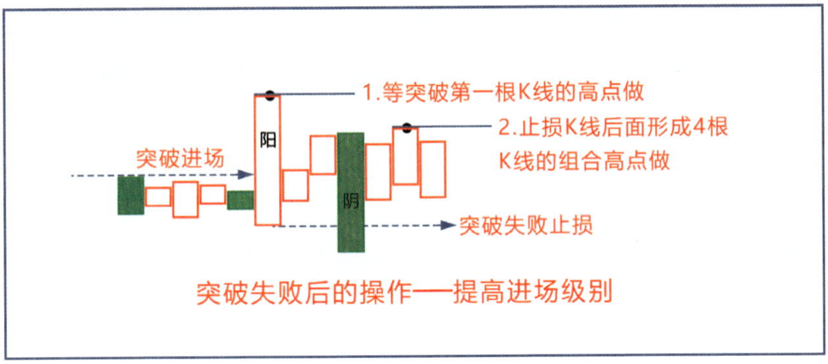

图 17-2　突破失败后的操作

这是进阶操作思路。假如你做了一次失败之后，第一个思路就是提高你的进场级别，把单阳线提高几级。

如果你提高了进场级别，还是没做进去怎么办？

第二个思路，就是哪一天 K 线收住，再找回调位置做，哪怕 K 线收得大，也可以直接做，因为这相当于把前面的弱势破坏掉了，相当于已经给你过滤掉了很多无效的行情。第二个思路更关键！

这个概念背后的思维——就是“重势不重价”！我们很多人特别是初学者，有一个非常大的思维误区，假如做多，该做的位置没有做到，就嫌价格高不做了；假如做空，第一位置没做上，后面价格更低了，也不敢做了，觉得做进去不划算，或者进去后担心反涨。

重势不重价，不是说进场的价格不重要，而是说不能因为嫌价格高就不做多了，或者嫌价格低就不做空了。这个叫“重势不重价”，一定要好好体会。

二、爆点过滤的案例

我们来举几个例子，让大家加深对爆点过滤机制的理解。

沥青 2209 期货的案例：

如图 17-3，“重势不重价”的重要思维是：在上涨里面，你没有在第 1 进场位置进去，没有在第 2 进场位置进去，那么你可以在第 3 进场位置进场，因为行情涨到哪儿，我们不知道，只要趋势好，就继续跟进。

这就叫“重势不重价”。因为只要趋势还在，你都可以去做，不要嫌价格高了或低了，就猜到顶了或到底了，而不敢去做。

很多交易者说：“哎呀，我最开始没做进去，后面就不敢做了，越高越害怕。”其实价格开始起步的时候，你都还不知道它能跑到哪里，一旦趋势明朗，就可以跟进。

原油期货的案例：

交易中，多数时候是吃亏，而少数时候是占便宜，就看你的选择。如图 17-4 中，我做的第一、二笔进去就跌了，但是有趋势在，我在回 5 的时候继续加仓。

如图 17-5，这是沪铝期货的案例，我的这次加仓在最高点，直接被干掉了。后面没机会做了，那就不做了。如果还有盘整和好的趋势，再继续做。或者，可以考虑一下做空。

假如说做了一次、两次还不行，失败了，我们还有一种策略——就是等趋势站稳了再做。不要觉得价格已经走很高了，就不敢进了，还要真正地研究基本行情与策略，不要轻易下结论。

再举一个甲醇期货的案例（如图 17-6）。2021 年的甲醇期货，当时做得很恶心啊！试了几次都被干掉了，不过前两笔一起被止损了，没怎么亏钱。第 3 笔是等突破站稳在震荡区间之上，继续做。这个思维就是“重势不重价”。不要觉得价格不利，离我的预期价格太远，就不敢做了。如果不做，就会丧失很多机会，变得畏首畏尾。

遇到假突破的话，你把 K 线级别往大放；放大还不行，就等哪天站稳了再做；但是我们不能放弃，趋势里面一定不能放弃。

《士兵突击》里有一句话“不抛弃不放弃”，就是不要轻易改变你的立场，不要被砍了一两次，就不敢做了，这是不允许的。我们可以等，等站稳之后再做。虽然价格看着不是最低，但是真的有行情爆发的时候，你会发现少赚那么一点点根本不重要，后面说不定有三个涨停或跌停在那儿等着呢，你怕什么啊?

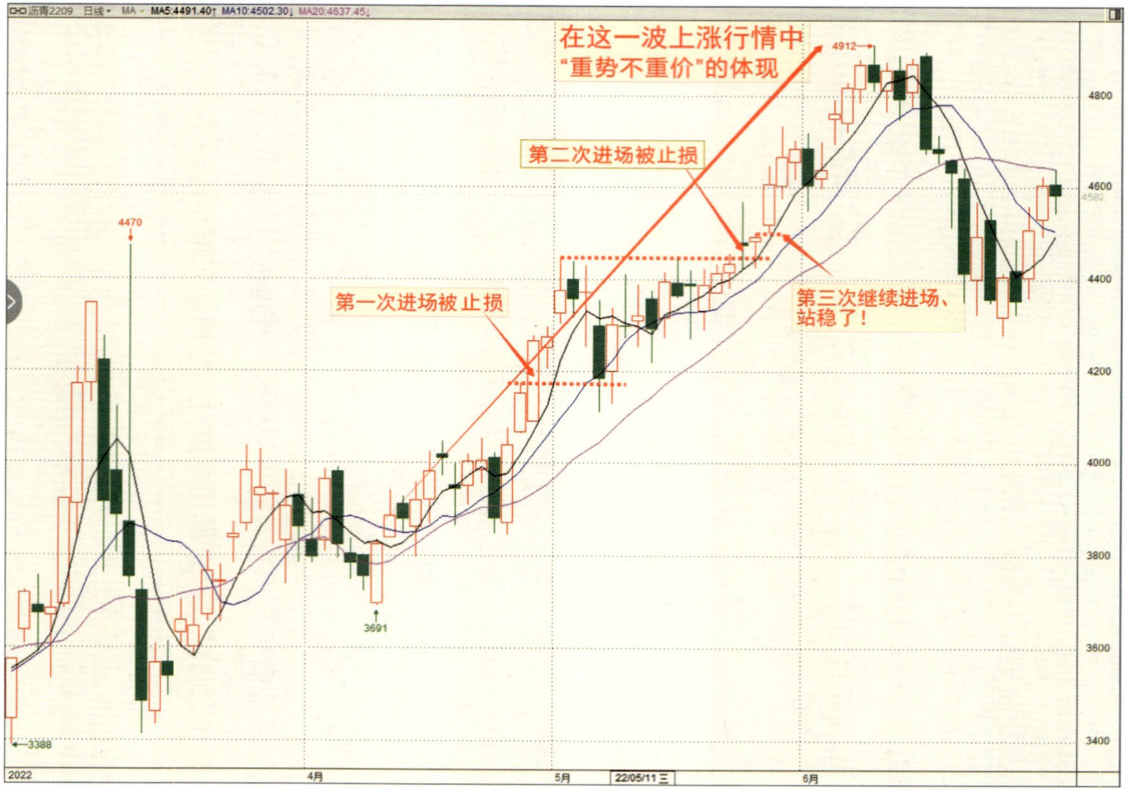

图 17-3　重势不重价的入场思维

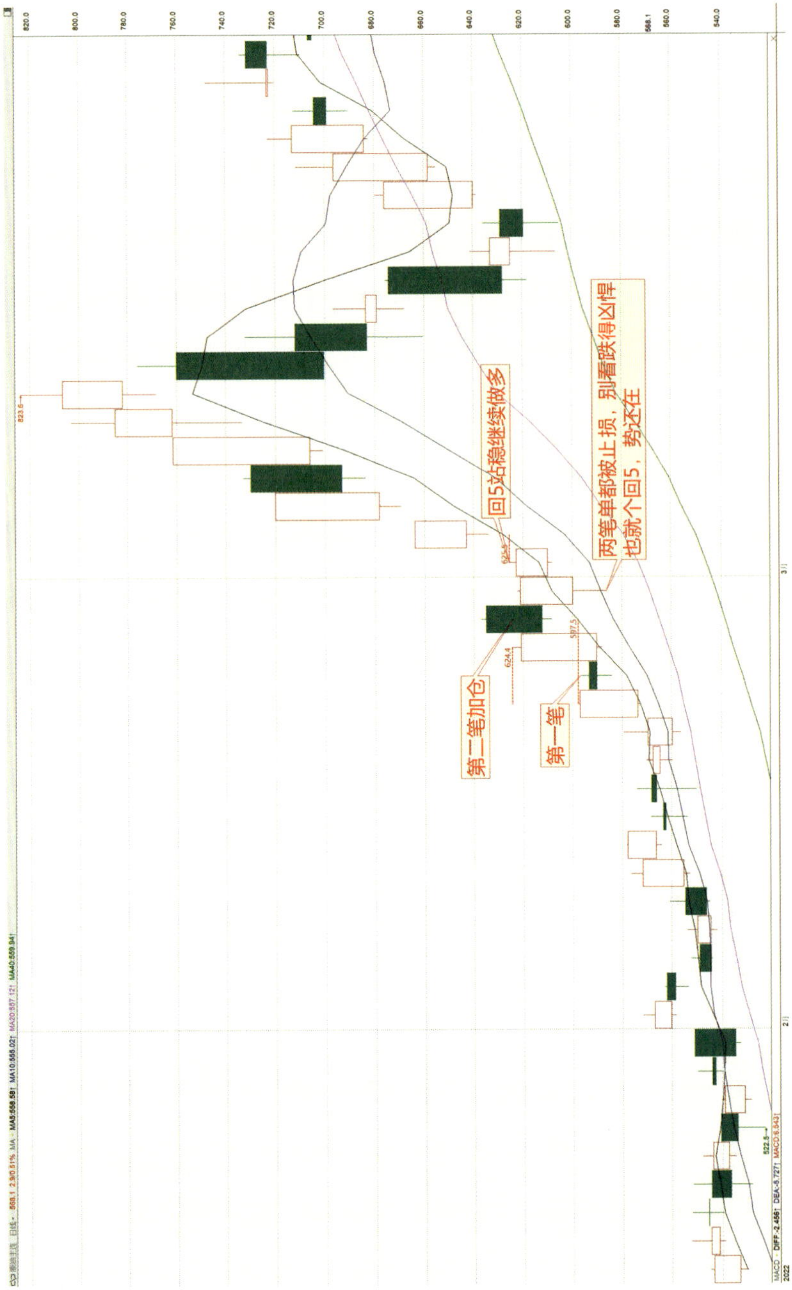

图 17-4 趋势行情回 5 站稳继续做多

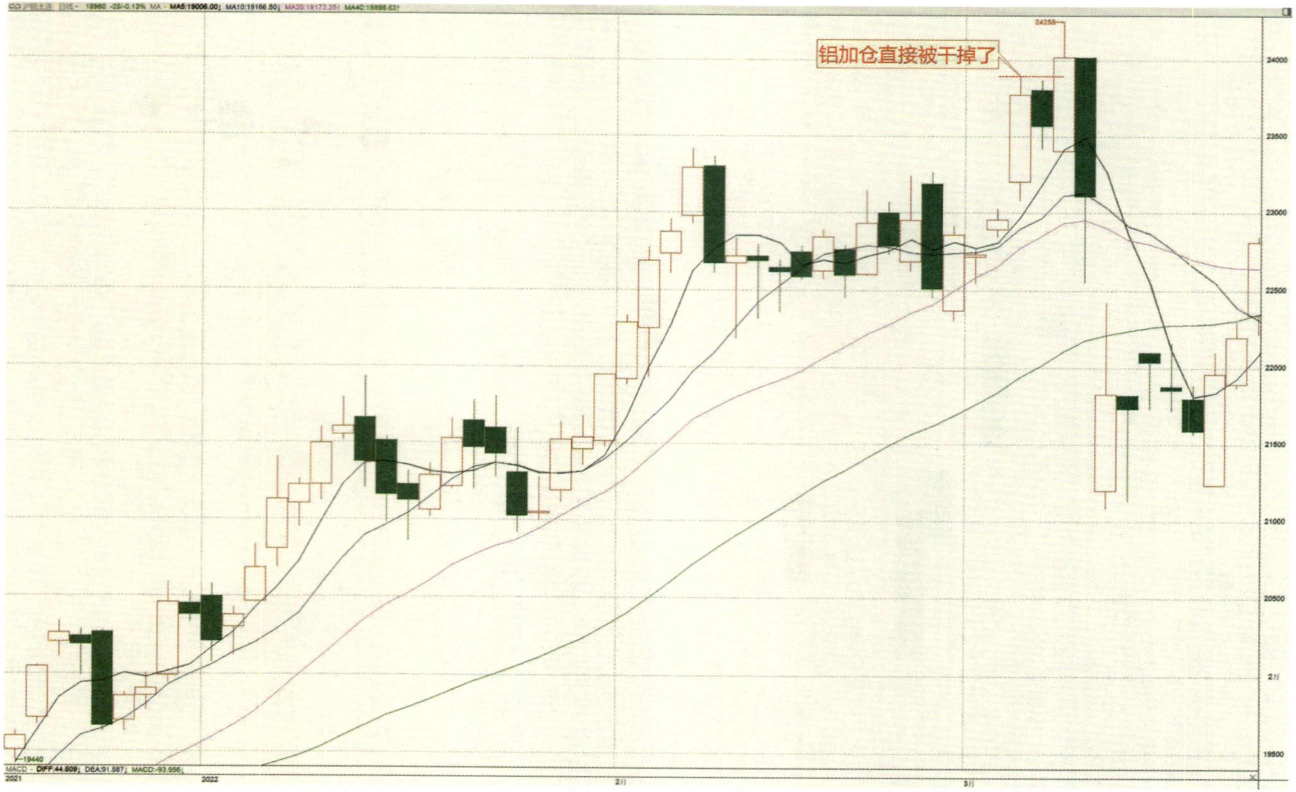

图 17-5 沪铝高点止损退出或转做空

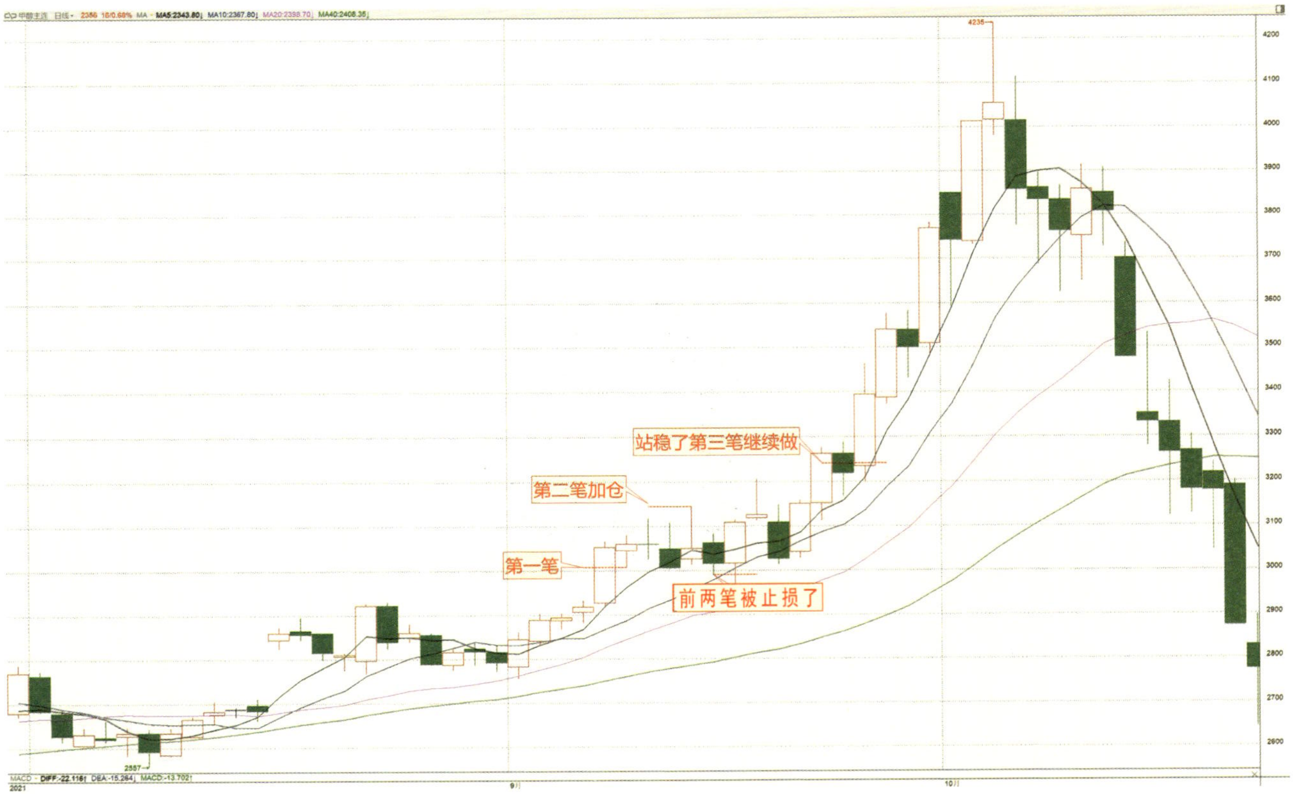

图 17-6　甲醇震荡站稳后再做多

本章总结：

1.突破失败后的两个思路，一是等提高级别站稳了做；二是等K线放大回调再做。

2.交易“重势不重价”，遇到假突破的话，把K线级别往大放，等哪天站住了再做，趋势行情里面一定不能放弃。

扫码观看李小军老师讲解爆点过滤机制

第十八章 互动答疑

本章，主要是学员对交易的疑惑与李小军老师的解答，是对十二章交易心法的补充，还有对过往交易经历和过程的互动交流，直接以第一人称呈现。

学员 1：我这几天做单子，突破进场做多，四个品种各开 1 手，行情下跌了，这时候就感觉价格比之前买的仓位便宜了，开始加仓，本来 1 手的仓位，慢慢就变成 4 手了。所以这就是人性的弱点。

李小军：你这个问题在哪儿，就在于你有追求盈利的心，而不是注重风险控制。人性这个东西啊，叫江山易改，本性难移，你这一辈子恐怕都很难改变的，现在这样，五六十岁还是这个样子，你信不信？

这个问题的核心，你仔细想一下，还是一个追求盈利的心。也就是说，你的心偏到追求盈利上了，一心只想赚钱。如果把心放到控制风险上的话，你就不会出现这种情况，对吧？

学员 1：对，仓位少怕行情出来赚得少，于是又加仓；亏的时候呢，又觉得仓位重了，早该减的。

李小军：是啊，很多交易员都存在这样的问题。所以我们要歇心，先要把心放下来。从今天开始，你做交易就把“心法”“风控”这两个词贴在电脑左右两边，每天交易前默念三遍，把心落到控制风险上，问题就能解决了。

慢慢训练上一段时间，让追求盈利的心彻底平息。

追求盈利的心一旦生出来，谁都控制不住自己。为什么要去学习心法呢？没有心法保护，我们大多数人都是你这个状态。你看为什么很多人上当受骗，不就是贪心嘛，很容易着魔，其实交易也一样。

学员 2：我感觉资金额度小的人，更容易追求盈利，感觉赚和亏都没有多少，仓位轻赚得很少，所以追求盈利的心很强。

李小军：要有愚公移山的精神，你不要看他资金少，只要一直在往上走，走着走着，你就会发现，积水成渊，积沙成山；时间很关键，你给他时间，什么都可实现，愚公最后能移山。话说回来，资金少，赚得快慢都不重要，重要的是通过时间的积累和训练，拥有了赚钱的能力，这个才是关键。如果你拥有这个赚钱能力的话，哪怕今天没钱，找别人借或帮亲戚朋友理理财呀，稳着点做，慢慢地，你的财富就有了积累。

昨天我看到一家中国公司在非洲某国开了一家职业技术学院，教大家挖掘机工程这一类的专业，学制三年。你们做交易，不给自己两三年的时间学习？这是很合理的，你一定得接受这个事儿，如果不接受这个事儿，你“咋咋呼呼”（昨天有学员说到这个词儿）地想去赚钱，这个钱绝对与你没有关系。

哪个正规的学校学制不都是三年、四年，哪怕短期的学习班，也要三四个月呢。我们做交易，很多人就连三个月的学习时间都不想给自己，那怎么行，你怎么能成长呢？你这违背了事物发展的规律，就是成语所说的“拔苗助长”，对吧。

你明天开始把这个心放下来，沉下心去做两个月。慢慢会发现心越来越平静，越来越淡定，并且，交易的执行力也会提高。你不用想着去克服你的人性弱点，没必要克服，而且那不见得是弱点。

学员 3：现在开始下定决心要控制住自己，固定仓位，不能让那个错误重复地犯。

李小军：对，把追求盈利的心放下，一切事情就会变得简单。

学员 3：如果仓位不固定的话，亏损的时候亏得多，盈利的时候赚得少，即使有个成功的系统，但是最后做不成功也没有用。

李小军：对，是这样的。

学员 4：老师，我说个事情，我以前做小周期（短线），很忙碌的；现在做大周期了，很闲。但是你不盯盘吧，又不知道干什么，而且很不放心。

李小军：都是这样的，有个适应过程。我之前一直讲，交易只是生活的一部分，不是全部，要闲下来，多出去旅游，看看世界。

学员 4：真是这样。我只说一条，以前我做小周期，真的是亏亏赚赚，总之是不怎么赚钱。现在做大周期，这几天行情比较好，是赚着钱了，做大周期还真是对的。但是，在执行的过程当中，有时候会有点做小周期的冲动。我能不能冲动一把呢？

李小军：首先有这个冲动可以理解，一个人的行为模式很难改变，你看世界上所有的新兵训练，都需要三个月对吧？三个月才能形成习惯，所以有冲动要克制一下。给自己三个月时间训练自己，三个月之后，你都忘记做小周期这个事儿了。

姜姐以前做 1 分钟、5 分钟小周期的，后来让她做大周期，并且监督她，中间有时候她还偷偷地去做 5 分钟的周期，再后来慢慢地，她这个心就彻底没了，完全转到大周期上了。

做大周期可以设置过滤条件预警，要尽可能少盯盘。我一般用盘立方设置预警。

你看盘也没关系，当看戏也行，只要管住手不做单就可以。你看着行情在波动，但是没有符合自己进场逻辑的机会，只是看看，也无所谓。反正就是需要时间去养成一些新的习惯，给自己三个月时间解决，问题不大。

你慢慢会体会到，其实不做有好处，首先不会亏钱。你等着，等一个机会出来可能就抓住了。你做小周期亏了，心态容易崩；大的机会出来了，你反而不敢进或没钱进，因为你注意力转移了，最终下来总体还是会亏，这就是做小周期的弊端。

慢慢地训练一段时间，克制自己，等你三个月之后，习惯养成，有人让你看小周期，你都不看了。

现在谁给姜姐提 5 分钟周期，她心里就有陌生感，觉得那个东西很遥远，都想不起来自己以前还做过。

学员 5：李老师，我有一种情况，就是有时候做单的时候回撤

大，心里就不舒服，还担惊受怕。怎么来调整我的心理呢?

李小军：回撤大的话就控制仓位嘛，你觉得止损大受不了就控制仓位，没有其他好办法。控制好仓位，把单次亏损的冲击力降低，这样就好执行了。比如 30% 的回撤，你觉得受不了，你就调成 20% 的回撤，这样心里就舒服多了。

究其原因，是因为你想着回撤大，风险大，赚钱也多。这有两面性，一方面风险大利润高，但要是一下把你打趴下，连本都没有了。现在，跟我学习以后，要调整逻辑认知，不以赚钱为目的，只要把追求盈利的心放下来，以学习和训练为目的，不争是为了争，什么事儿都好解决。

学员 6：我有强烈赚钱的心，这有没有大麻烦？如何调整自己?

李小军：有啊，而且麻烦大了。你有强烈的赚钱心，就会天天紧盯着大盘，一刻也不放松，一旦认准了，你就会孤注一掷，结果就会很难看。我觉得，有赚钱的心没错，毕竟这是大家的本性和目标，人人都想赚钱。可是，一旦以赚钱为目标，恰恰是最难赚钱的。你要控制自己，不要随波逐流，这是投资的大忌。

姜栎：我补充一下，实在难受的话，那你就去看个电影追个剧，去门口小店喝杯咖啡，找朋友聚会聊聊天，高级的玩法就去打打高尔夫。去掉或者降低功利心，多离开盘面，回归本来的生活。慢慢地，你的注意力就分散了，就不会太集中到盘面上去了。

学员 7：我想讲两种情况，受李老师讲禅故事的启发，我给大家讲述一下我的交易历程。

第一，我 2015 年开始做波段交易，后来朋友介绍来郑州证交所这边学做短线，因为那时候听说好多短线高手赚很多钱，很厉害，就想跟进。结果我进去后，越学越差，短线做了有两三个月吧，基本上是天天亏钱，亏到直接崩溃，连续亏了两个月，只好停止。

然后还是回归照着自己以前那种思路去做，因为我之前的思路就是小仓位做大周期交易，我发现，我的资金曲线慢慢开始变好了，心态也变好了。这是自己真实的一个经历。

最近，跟好多之前做短线交易的人聊天，我发现，现在短线确实越来越不好做了，之前做得很好的一些操盘手，现在也都陨落了。

我说这些，就是给现在还在做短线或者准备入手做短线交易的朋友一个忠告：赛道比以前更难，进入要做好足够的心理准备。

第二，我之前给李小军老师发过邮件，李老师给我回了一句，说交易是一个控制风险的游戏。说实话，我当时看到这句话的时候想得不是很透，因为控制风险谁不知道啊，但是要真正转化成自己的理解和行动，还是很难的。

大家都知道赌大和赌小的概率，实际上这个概率就是 50%，一半对一半。

同样，放到我们的交易系统上来讲，我测算过自己之前做单的成功率，因为我的盈亏比一般做得比较大，所以相对来讲胜率比较低，基本上是在 30% 的样子。同样的一个事儿，大家去想一想，赌场上是 50% 对 50%，连续出六次大或者六次小，或者连续出十次大或十次小的概率都会有。如果你的系统胜率是 50%，万一你连续亏十次，你还能坚持吗？

我现在想通过这个事儿，给大家提一个醒，你们对自己的胜率到底有多少了解吗？对市场出现的这种随机不确定性的因素（连续大或连续小的情况），你能有这种风险意识吗？

李小军：你的系统 30% 的胜率，可以把止损往高调一点，我觉得 30% 胜率执行难度和压力比较大，用这种方法交易很虐心的，很痛苦的。

学员 7：是的，针对您说的风险，我第二天就开始调整自己的仓位和止损的幅度。调整完之后，现在感觉很好，持仓没有压力，单子止损掉了也没有压力。

持仓、止损、加仓都没有压力的情况下，你就会很舒服地去做交易，只要心态不崩，我的系统就是正向的，我觉得大家都会进入一种平稳的享受概率的状态中。当你有两到三个周期能把概率执行得比较到位的时候，对于系统的信仰和对于市场的认知，就会更强。这是一个阶段性的过程，好多人是需要有这么一个经历的。俗话说，不经历风雨，怎么见彩虹。苦也好，甜也好，都要经历，历苦弥甜，历久弥新，就是这个道理。

李小军：因为你的交易时间比较长，经历多，所以很多东西你还是需要想一下，把问题总结出来。咱们这里很多学员，交易经历可能并不是很长，有些东西理解了更好，不理解也没关系。但是只要你听进去“控制风险”这句话，以后遇到问题，你会想起来，知道怎么办。

学员 7：是的，李老师说了好多关于“控制风险”之类的话，每个人感受的深度是不一样的，但是我觉得只要走过这个市场，然后被这个市场深度地伤害过，甚至伤害不是一次两次，甚至达到十几、二十几次。那么你今天就会对这句话有一个很深的理解。当然，李老师和我，都不希望大家伤十几次、二十几次，学习完这个课程之后，一定要减少伤害。

我觉得分享出来可能有一部分人能听进去，有一部分人听不进去，但是总会有那么几个人听进去了，这就可以了，这也是李小军老师认知课的价值。

李小军：谢谢你，你分享得非常好。有个建议，就是你稍微调整一下止损，把胜率提高到 35% 或 40% 以上，会更好受些。

学员 8：我感觉每个人学习完这个课程以后，大家的想法和做法都会不一样。我不知道大家有没有这种想法，既然从事这个职业，就要以交易为生，可能我说得有点极端，也仅代表我个人的想法。我二十来岁的时候就有这个想法，一定要以交易为生。既然立下这个志向，如果五分钟你不愿意等，一天你不愿意等，那么一个月你怎么有耐心等呢？事实上，要做好交易，就要等上一年两年，甚至要等个八年十年，要耐得住寂寞。我在这个市场已经做了十年了，十年我都亏过来了，没有什么一年两年不能等的。既然想以交易为生，那么我后半辈子，甚至 20 年、30 年、40 年都要去做这个事。

总之，希望大家稍微等一等，把心沉下来，仔细去想一想，不怕亏，也不要想着马上就能赚大钱，只要愿等，时间和机会都是够用的。

李小军：作为职业交易者，我很欣赏你这两句，一是要以交易为生，把它当职业；二是要耐得住寂寞。同时提个具体建议，从你的交易记录来看，可以加一部分主动止盈的单子，避免冲高大跳水，这样你执行起来会更简单。

学员 8：您刚才说的这两个建议，我实际上都想到了。我唯一执行得不太好的，就是交易不坚决。很多时候没有，果断止损或止盈，这点我确实是没听您的，还在练习。您刚才说的这个幅度，我尝试去做了。我有主动止盈和被动止盈，然后也加了相应的保护措施加以调节。

李小军：那就可以了。你的交易后面会变得比较稳定，而且执行起来会越来越舒服。祝贺你理解到位，有了概率的体验感，并在实践中执行到位。

学员 8：对，现在交易中，我就有这种得心应手的感觉，心理压力没那么大。可能真正大行情出来赚得没以前多了，缺点无非就是这个。赚得多不多，我觉得那得看行情连不连贯，大不大。实际上我现在已经不操心这个结果了，老天给多少我就拿多少，我现在觉得亏钱是凭本事亏的，但赚钱真的是凭运气赚的。我看得比较淡了。

李小军：你对这个课理解非常到位，给你满分。

学员 9：真心感谢李老师。李老师说的那些，我也会持续跟朋友做一些分享。以前就感觉交易是一个封闭圈，大家你不跟我说，我不跟你说。我刚开始去郑州时，大家都在做短线，就我一个做波段交易的，特别另类。后来，我也试着跟他们去做短线，做得很失败，天天亏损，真是一塌糊涂，感觉要疯掉了，那种状态特别不好。后来自己又走了一些弯路，然后跟李老师学习，才把自己强行扳过来了。

李小军：可以加一部分主动止盈的保护。你近期交易情况如何？

学员 9：还好吧。最近这波下跌，账号浮盈 50% 左右。我的初始仓位是 5% ~ 10%，然后最高的时候仓位做到了 70%，这时候，整体已经浮盈很多。昨天已经把所有仓位都平干净了，之后以我的交易系统来讲，可能近一个月都没有什么单子能做了，因为没趋势，这时候我就休息，简单看看盘就可以了。

李小军：非常好，就是要减少交易次数，没趋势就休息。

学员 10：李老师我问一下，如果只做趋势行情，比如说连续亏个七八笔的概率大不大呀？

有些震荡行情，其实是需要过滤掉的，我们只做那些趋势已经出来的行情。比如说最近是下跌行情，那么在反弹时进入的话，我觉得成功率还是蛮高的，基本上胜率能达到 70% ~ 80% 的样子。

李小军：胜率达到 70% ~ 80% 肯定是阶段性的，不是常态，你一定要明白。

学员 10：我们做的话也只做这种趋势中一直跌或一直涨的那种行情，进入震荡阶段的话，我们是要停止休息的。

李小军：你错了。很多趋势你刚开始做时，你不知道它是趋势，需要观察一段时间，等站稳了再做。

姜栎：这个震荡是过滤不完的，你如果全部过滤了，那不成确定性了吗？只是能过滤掉部分震荡。但是你说止损七八次的有没有，确实会有。但也不会说概率很高，这要根据自己的交易系统来定。

最近（2023 年 11 月）这个阶段你做空的话，胜率肯定高啊。我今天看了一下，我从 6 月 1 日到现在，我的胜率 60%。但是到下一个月如果震荡了，就会拉低胜率，只剩 30% 的样子。一年平均下来胜率可能是 40% ~ 50%。如果说下一个月因为震荡不做了，你的系统什么信号都没有了，那你的系统就太好了。正常来说，即便是震荡行情，信号和交易肯定是有的，只不过是多与少的问题。

学员 10：正常的情况下，我的胜率能保持 40% 吗？

李小军：首先，你这个胜率不是常态，你一定要有个清晰的认知。其次，你问连续七八次止损的概率有多少？其实长期来说，这个概率其实并不是非常高，大部分止损可能有五次左右，基本上就能够囊括 90% 的交易吧。连续止损七八次的，不能说没有，但是概率应该是非常非常低的。

学员 10：那相当于说，就算在震荡行情中，我们也是只看信号，比如说有些信号即使不准，也是要执行，相当于说知道它是亏的，也要进去。只要它出来信号，我们就必须做，对不对？

李小军：符合你做交易的逻辑信号，你肯定是要去执行的，不符合就不执行。否则你怎么知道它是行或不行。假如说天天都有趋势，那所有人都赚钱了，那多简单啊。但有句行话，你没听过吗？做趋势的死于震荡！你要在震荡里面控制回撤，这才叫有水平啊，水平高就亏得少！真正趋势出来了，你只要胆子大，赚个十倍八倍，其实那也不叫水平高。

说实话，交易中没有一定阅历的人，没有吃过大亏的人，这样的话很难理解。

盈利分布密度，会影响我们的交易体验感，也会影响我们建立概率的信仰，同时也会缩短我们建立信仰的时间。开始赚多赚少不是核心，而是你要尽快用三至六个月的时间获得概率体验感。

The density of profit distribution will affect our trading experience, as well as our belief in probability, and it will also shorten the time we need to establish our belief. Earning more or less is not the core at start, but you need to quickly gain a sense of probability experience in three to six months.

第十九章 学员感悟

本章是交易认知训练体系学员的一些感悟，有前后成败的对比和心路历程，很走心的，都是学员心声的反应。

学员：邹红超

感悟：时间是大自然赋予人类成长的密码

蜕变是再一次重生的过程，一个崭新的生命重新立于这个世间，仿佛推开另一个世界的大门，让我看到一个全新的世界，这里是个有序的、安静的、充满能量的世界。

跟着李老师的这一年很幸福。现在，我每天能够去观察周围的人和事，能够去抬头看看天，看看绿草红花，看看花开花落，能够接纳生活给予我一切的恩赐。这一切的蜕变都要感恩我的恩师，感恩这冥冥之中这股能量让我们师徒相连。没有李老师，我可能还深陷那个混沌的世界无法自拔，还在那个昏暗的世界一遍一遍地打转。

从来也没有想到，一个破茧成蝶的事情还会在一个倔强不屈的中年男人身上呈现。回首过往，眼睛总是酸酸的，如果没有遇到李老师，我不知道现在的生活会如何度过。回想起做期货大亏的日子，自己独自走在雨中，那种懊恼、悔恨、深深的自责和挫败感缠绕着我，想去挣扎但是无能为力，这样的打击一次又一次没有尽头，从一个泥潭跌入下一个深渊，充满绝望和无奈，在这个漩涡里怎么也走不出来。

就在这最无助的时候遇到了李老师和大师姐姜栎，回头看我是何等的幸运。现在的我，走在路上看着一切都是那么美好，心里的这份底气在跟随李老师一年的时间里越来越强烈。李老师对交易的认知已经到达“仙知”的境界，李老师身上散发出来的智慧、能量是如此的强大，让我们在李老师的身边进行了一次又一次的蜕变，李老师的认知体系，对我们来说每一个点都是一次心灵的撞击。

引用李老师的话，现在行情在我们眼里变得有序了，知道在等什么，在哪里下单变得不再犹豫，在哪里止损不再懊恼和自我攻击，在哪里止盈不再洋洋得意，这一切的改变都源于认知的改变，这个认知让我们认清了交易的真相，知道了什么才是真正的交易。

时间还长，生活还美好，多去陪陪自己的家人，关心和爱护他们，善待周围一切的人和事，接受生活对于我们的恩赐。无论好与坏，不必都像雄鹰一样翱翔天空，做一只翩翩起舞的蝴蝶也挺好，从此这个世界阳光明媚、鸟语花香。

学员：陈波

感悟：学习后盈利了

通过新启原的学习，我对交易有了醍醐灌顶般全新的认识。我从事交易 4 年了，从一个人摸索技术做交易，到加入新启原大家庭跟随李小军老师学习交易，我的交易之路发生了天翻地覆的变化，并且逐步开始盈利了。

之前，我闭门造车、日日夜夜地研究交易技术，自己当时对交易的认知是空白的，只知道技术就是交易的全部，只要研究出一套好的技术 / 策略，就能在交易上盈利。带着这个错误的思想观念，我不知不觉持续了两年时间，整个过程身心疲惫，其间多次觉得自己找到了交易的真谛，但之后都被一次次的事实否定了这个幻想，结果总是无奈的亏损。

我在很早的时候就听闻李小军老师大名，但从来没有听过李小军老师讲交易。李小军老师在 2022 年 1 月份第一次做私享会，这是我第一次听李小军老师讲交易。李老师讲的内容全部都是我过去两年自己闭门造车在实盘交易中遇到的问题，他对交易的认知和思维深深地吸引了我，也告诉我如何用认知和思维去解决这些问题。打开新思路后，我对交易有了全新的认识，心里立刻就有了一个想法，李小军就是我要一直想追随学习的老师。时间来到 2022 年 6 月份，一个机缘让我结识了新启原。这个时间节点，正是我努力研究了两年的技术后，交易之路正处于亏损的迷茫期。我毫不犹豫地报名加入了新启原课程。现在回想，这个决定是我人生中最重要的决定之一。

在新启原的大家庭里，李小军老师先从交易认知着手，让我彻底明白了交易的真相与本质，懂得了交易是一种概率游戏，具有不确定性，掌握了交易进场、止损、止盈的逻辑，就可以一致性地输出交易原理，完成交易。这样，我把以前脑子里的东西彻底更新换代后，盈利就是自然而然的事。

俗话说，千里马常有而伯乐不常有，能在复杂多变的交易市场遇到像李小军这样德才兼备的老师，还有大师姐姜栎老师的帮助，我是多么幸运。我发自内心地感谢两位老师和新启原的悉心培养，感谢自己当初加入新启原的决定。

交易新启原，启发新思维，相信我们未来的路，一定会更加精彩！

学员：向数理

感悟：不喜不忧

我交易有七八年的时间了，一直在追求确定性技术的泥潭中翻滚摸爬，大亏过数次。有一次大亏后，在20度的空调房中大汗淋漓，亏得最终怀疑自己的智商，明明在传统生意中还算成功，奈何在交易中却成了这副惨样。

无数次东参西拜，南北求索，却是镜花水月，大梦一场。

直到李老师指出交易的根本性逻辑——“交易是不确定性的，是赌博这样的概率游戏”，我才如梦方醒。从此，我把自己彻底清零，按照师父的教学进度一步一步前进。其中有迷茫，有兴奋，迷茫时师父及时引领；兴奋时师父立马降温。润物细无声中，悄然成长了。交易逐渐上路了，基本能做到盈亏不喜不忧。

路在脚下，还需努力前行。

三生有幸，缘遇今生。感念师恩！

学员：点点

感悟：脱离苦海 回归家庭

我跌跌撞撞四五年，整日沉迷于期货市场，工作也辞职了，和家里的关系也不和睦了，到处寻找视频和图书看，每天逼着自己要看够多少多少小时，身心都不正常了，直到后来穷困潦倒。

去年遇到了交易新启原，遇到了李小军老师和姜栎大师姐，学到了交易的不确定性。从此以后，从交易到生活，都发生了翻天覆地的变化，不再沉迷于技术的迷宫，生活上也脱离了苦海，渐渐回归家庭，过上了正常人的生活。现在交易已经不犯愁了，没事了还去健身，工作也积极了，偶尔和朋友聚聚，也不酗酒了，偶尔还打打游戏解闷。

李老师的交易认知课，就是这个市场上的瑰宝啊，这是继李老师《短线成长之路》之后对市场的又一大贡献啊！

学员：William

感悟：迷时师渡，悟时自渡

投资和交易的道路曲折和漫长，更多的时候是一个人走夜路，一方面进行摸索，另一方面唱歌前行给自己壮胆。很多人走着走着就迷失了，还有人在黑暗中跌倒再也爬不起来，只有少数人能够自我剖析，坚持不懈，最终冲破迷雾，达到彼岸，这些人无疑是幸运的。新启原就像在黑暗中微弱的灯光，照亮我们前行的路途，引导我们这群对交易有梦想的赶路人，一步步跨越荆棘险滩。现在，学习中有李老师的指引，有同学之间的切磋琢磨，以微光照亮微光，星火传递星火。

新启原的认知学习不仅仅是对认知的解惑，更重要的是在于如何将认知贯穿到行动中来。如果对投资交易没有愿力的能量，没有专注力的持续输出，没有经过心法的训练，大部分人仍然难以做到知行合一。李老师把学习中的问题，结合不同学员的认知状态，给大家一一点化，破除了每个人心中的执念，通过调心、定心、歇心，破除交易中的精神内耗，打通了认知与实践之间的桥梁，这样大家才能内化于心，外化于行。做到这一点何其难，没有长期的毅力很难坚持。幸运的是有着李老师和姜师姐的陪伴，同学们执着坚硬的心渐渐柔软，在正念中点点滴滴前行。学习并不是简简单单的课程，一方面需要认知理念的指引，朝着正确的方向前进；另一方面需要实践的磨炼；在实践中贯彻这些认知与理念，最后产生内心的变化与领悟。新启原的学习，在这几方面为大家提供了良好的沃土，学员们投资热情的种子逐渐觉醒、萌芽，在渴望成长的初期，在面临风雨雷电打击的壮大期，一路有着大树的保护，许多野蛮生长的树苗得到精心地照料，逐渐长大。

正如姜栎师姐讲的，新启原学习能让大家定心，更重要的是让大家有一个安心的港湾。迷时师渡，悟时自渡。感谢感恩李老师和姜师姐的帮助，愿大家都能到达彼岸。

学员：小学生

感悟：赏心悦目

很多年以前就知道李老师做单很厉害，加了微博成为一名粉丝，后面发现老师不发表什么言论，很是失望。一个做单好有影响力的人，他的言论是有指导意义的，是我做单的重要参考因素。当时我每天不断地在网上看各种信息、言论，以此为重要依据为自己做单寻找各种理由，每每把自己折腾得云里雾里，交易做得疲惫不堪。

学习新启原课程之后，说真的是如获至宝，因为每一课讲的观点都很新奇，对我冲击很大。从没有听过一个人以全新的视角把交易剖析得如此透彻，以前也从没有这样思考过交易，一直认为交易就是要赚钱，而李老师告诉我们不要追求利润。

不再寻找什么交易圣杯，没有神仙。我发现老师也会砍仓止损，这在以前我的思维里是不可能的——以前认为交易很厉害的人，预测很准，是不是很幼稚？现在当然不会嘲笑老师居然也砍仓止损，觉得这是一件很正常的事，这才是正常的交易，否则老师的交易体系怎么自圆其说。

李老师告诉我们：交易的原理，交易的底层逻辑，这个游戏的玩法，交易闭环的建立，它是一个完整的体系。窗户纸一旦捅破，看问题的视角变了，认知、内心思维也发生了改变。

感谢李老师、姜师姐的陪伴，李老师的过人之处是启发新思维，提升了我的认知，感觉是这次学习获得的最宝贵的财富。即使不能像金子那样发出耀眼的光芒，石头打磨后，能成为一件赏心悦目的艺术品，我也很知足。

学员：小新

感悟：体验不同的人生

作为一名医生，做事情战战兢兢、如履薄冰，每天都是重复着昨天的事情，两点一线的生活未免太单调。有人说，平平淡淡才是真。平庸地过完一生，也许不难，但社会总在不停地在发展，时代在进步，对人的要求也不同。我想有不同的人生体验。

因为感觉金融市场门槛低，进入容易，于是选择了她。为此阅读了不少相关书籍，杰西·利弗莫尔是一位能在 20 世纪金融市场呼风唤雨的人物，是我的崇拜对象。

尽管看了很多书籍，当真正进入金融市场真刀真枪地干起来，才知道自己是多么弱小，学习的那一点技术是如此不堪一击。

2022 年懵懵懂懂地进入了期货市场，赚赚亏亏，没有技术，全凭运气，总体下来还是亏得多。直到遇上交易之家，抱着试试看的心理，学习了李老师的认知课程。老师对交易核心理念的讲解，彻底打破了我的认知。使我认识到交易技术不是唯一的，交易理念、概率思维、逻辑输出才是最重要的。最终认识到交易是一种概率游戏，现在李老师才是我的崇拜对象。

因为从小接受的教育都是确定性思维，何况医生这个职业也是不能犯错的，导致交易上总想追求确定性，不愿试错，总在细节上斤斤计较，还不能把交易的认知精髓内化于心，进步比较缓慢。

学习了交易认知，不但认识到交易的不确定性，还领悟到人生也是充满不确定性，应该用老师的大局观看待人生，格局要打开，保存自己的能量，做到不内耗，把精力用在努力提高自己的认知水平上。“为学日益，为道日损”，努力做到既能提得起，也能放得下。得到李老师的耳提面命，此生真是无憾了。

在这里还要感谢姜栎老师和我们的班长，没有他们的支持、鼓励和帮助，也不会有我今天的进步。

学员：王虎

感悟：不一样的风景

我作为一个期货市场屡战屡败的期货老手，仅剩那点即将泯灭的希望之火苗，终于在来到交易新启原这个大家庭之后，发出了从没有过的光芒。这个大家庭的重要成员李小军老师及姜栎师姐无疑是我们走向光明大路的指引者，引导我们走向正确的方向。回想自己不堪回首的一路黑暗历程，写几本书也不为过。交易新启原让我完成了蜕变，不说华丽，至少是美丽的。她打开了我的黑暗仓库，驱逐了陈旧厚重的无知，加入了正确的认知。有了对道的正确认知，那些以前当做宝贝一样的技术，不再是我拼命追求守护的东西。我兴奋来到了交易新启原，我兴奋做出了坚决跟随李小军老师及姜师姐的决定，因为他们是一扇窗，透过这扇窗看到了不一样的世界，不一样的风景！

愿更多的人能被新启原照亮，更多的人生活得更加美好！

学员：Tony

感悟：自觉、觉他、觉行圆满

师从李小军老师虽然时间不长，但已深感幸运，因为李老师的认知课让我直接进入有效学习阶段，省去了大量无效摸索的时间和浪费金钱的痛苦。刚接触期货就听人讲，学期货有三个阶段：新手看山是山，不新不老手看山不是山，老手看山还是山。当时听到这三句话，我并不理解其中的意思。学了李老师的认知课后，我明白了这三句话的意思，并且认为学期货就是两个阶段：新手看山是山，老手看山还是山。中间这个不新不老手看山不是山这个阶段是完全可以省去的，它其实就是上面说的浪费大量时间、精力和金钱带来的痛苦阶段。

当然学期货花费时间、精力和金钱是必然的，但如果避免了浪费大量时间精力和不必要的痛苦，那么投入效能比一定会高很多，这是我学习的巨大收获。师从李老师的收获也绝不止这些，最重要的不是为了获得赞美去传播这些认知，就像传播禅修一样，跟李老师一起，自觉、觉他、觉行，圆满地走在修行的路上。

学员：烟圈

感悟：希望之光

我是 11 年前开始交易生涯的，一直在闭门造车。就像李老师说的，很多东西都弄得七七八八。我的回撤大，特别容易崩掉。期间停过很长时间，然后捡起来重新开始。一直不能稳定，在原地打转。李老师说的交易错误自己一直在犯，但是不知道怎么解决，就这样浑浑噩噩地过去十多年。

李老师的认知课，点点面面直击要害，直击痛点。听得也是畅快淋漓。回想之前自己研究的那些东西，就像用土坯盖的房子，到处都是漏洞。虽然有形，但终究是海市蜃楼，让人产生幻觉。曾经也多次觉得自己可以了，技术提升了，但现实总是把自己打回原形。

感谢李老师让我冲出了黑暗，看到了希望的光芒，走上了正确道路，其中的感激之情难以言表。下一步我还是要继续好好学习。当下的目标是大量复盘，知行合一，加深自己的认知，提升驾驭能力。

学员：龙猫（彭菁菁）

感悟：坦然面对

通过一年多的学习，交易小白虽然还是小白，但是终于认识到了交易市场的凶残险恶。幸运的是，刚踏入这个市场就遇到了李老师、姜师姐，让我几乎直接越过弯路，走了捷径。

初到这个交易市场，看到微博上的各种大 V，各种盈利单，那时觉得李老师的课太长。因为浮躁的心，只想马上学会一个赚钱的交易系统，就可以在这个市场上盈利。直到现在才明白李老师的良苦用心。如果操之过急，没有正心正念，一心只想马上看到结果，结果往往适得其反。

经过一年多的学习，我浮躁的心慢慢沉了下来，真正进入有效的学习阶段。深刻明白交易是概率思维，我们能控制的东西非常非常少，市场永远充满不确定性，而不是有一门技术就能功成名就。李老师一直强化认知，只有认知清晰，有效地输出自己的交易逻辑，才能构建交易的稳定性。

当然，认知清晰不仅仅是对交易，对待生活也会坦然很多。再次感恩李老师、姜师姐的不抛弃不放弃，一直督促我，支持我前进。

学员：尉平

感悟：从容不迫

六年前，我踏入交易市场时信心满满，鉴于过往的生活工作经验，自认为交易只要好好耕耘，结果必定辉煌，但市场抽了我好多次响亮的耳光。捂着猪头一样的脸，看着稳定的亏损，我时常陷入迷茫。书也看了，课也听了，所有刻苦都经历了，为何还是暗黑见不到头，到底哪里出了问题？

某一天，偶然在“交易之家”的抖音上看到了两分钟讲交易的视频，李老师微笑地说交易是一种概率思维，具有不确定性。这犹如重锤击中了我，当时我也不认识李老师，也不知道李老师有多牛，只知道他懂我，我一定要跟他学！

不久突然发现李老师开交易认知课了，我毫不犹豫报名，只为这份理解和机缘。李老师的认知课让我明白了交易是要讲底层逻辑的，对付技术这个二流子要用利弊选择来对付它，要从赌客思维转成赌场思维，还有亏损疗伤的重要心法。

认知课打开了新世界的大门，让我面对交易的心态从恐惧变得从容。面对亏损，我不再怨天尤人骂自己愚蠢，而是坦然接受盈亏同源，因为走势是不确定的，只要按交易逻辑做了就完成任务，其他的交给市场，盈利都是市场给的，亏损也是交易必须付出的成本，就像做其他实体生意一样的道理。现在我每周一次温习认知课，常温常新，用它来打通交易的“任督二脉”。

李老师的从容睿智和对人生理解的通透，以及讲课的幽默风趣、比喻的令人喷饭都吸引着我。自从上了李老师的课后，我觉得我自身发生了很大的改变。以前是拧巴尖锐的“愤青”，现在内心相对放松了许多，对人对事不爱钻牛角尖了，尽量放过自己，不再内耗，心中阳光充盈。

在我心中，李老师是我交易道路和人生道路上的指明灯，我会一直追随李老师，在交易的路上勇往直前，在人生路上从容不迫。

学员：朱涛

感悟：直面未知的交易

当我第一次交易的时候，面对频繁的止损，面对自己内心的煎熬和痛苦，我直观的感觉就是：一个人走在交易的道路上，如同走在漆黑的半山腰，向前没有指引也没有光亮，向后却是不断坍塌的路面。当自己在原地痛苦挣扎的时候，无法知道下一步会走向哪里，也无法了解后面的深渊有多深，这是我作为一个汽车设计工程师在做交易时候的直观感受。交易不像工程设计时使用线性的思维——

不是演绎就是归纳，总能通过思维框架找到有效的解决方案；交易更像是一门艺术，市场的无序波动会带着我的情绪上下起伏，盈利了就沾沾自喜，亏损了就愁容满面。当我经历了以上所描述的无数次折磨以后，我发现与其不明不白地把钱亏给市场，不如去找靠谱的老师学习适合自己的交易方法。

当我在网上付费学习了各种各样的交易方法后，发现自己逐渐走入短线交易的框架里，每天的交易让我感觉像是在赌运气，时而垂头丧气，时而沾沾自喜，完全掉入了短线交易的迷宫，最终的结果就是大家网络上经常看到的，大额亏损后关灯吃面。当最绝望的时候，刚好遇到了李老师开创了“交易新启原”课程，抱着最后试一试的心态参加了。当我第一次听到交易认知的时候，我才发现曾经的自己做交易是如此幼稚和可笑。当李老师在课程中说到“技术是变色龙”的时候，才发现以往交易是用一种简单的线性思维方法，无脑地去套用固有方法应对市场无序的波动。当市场变化的时候，自己往往无所适从，自然就陷入恶性循环中。

在随后的课程中，李老师讲到了“概率思维”“利弊思维”“盈利分布密度”等交易理念的时候，我才逐渐明白李老师在课程一开始就千叮万嘱不要做短线的深意。因为普通人一开始总是在寻找一个万能的交易工具，总是想着从市场上赚快钱，忽略了交易认知的重要内核就像工具和思维的关系，再牛的交易技术也只是交易工具，如果没有思维的驾驭，那么也只是赌运气。有一句话说得好：“如果你的脑子看不见，那么你的眼睛也看不见。”职业交易者在面对市场K线的时候，只有通过逻辑思考和交易工具相辅相成，交易才能做到知行合一。

大家可能经常听到成功的交易就是：看清自己、看懂市场。这句看起来很简单的话，能做得到的人却寥寥无几。在新启原的陪伴下，我逐渐抛弃了过去所有学习的交易方法，彻底断绝了短线思维。当再次回头看待过去的交易时，才领悟到交易最可怕的不是止损，而是无法发现和看清自己的错误，这更加坚定了我跟随李老师、姜师姐继续学习的信念。在之后的一年时间里，我从最开始的模拟交易，到之后的实盘交易，跟随老师的思维和框架逐步建立了对于市场的理解和感知，在无序的市场波动里做自己逻辑框架内的交易，不再是冲动交易。总之，当我再次面对 K 线时，那种仿佛要吞噬个人思维的恐惧不再存在了。

以我个人的亲身体验而言，如果你还在交易的泥潭里面无法挣脱，又不想轻言放弃，那么可以暂时放下交易的重压，来学习和体验交易认知的陪伴式成长。当学习过后回头看曾经的自己，你会感到庆幸，因为你会发现在漆黑迷茫的交易道路上，它像一束亮光在引导你前进，你也能感受看清和看懂的简单快乐。

学员：幻境

感悟：一席之地

我是 2022 年四五月在自媒体平台上看视频，得知李老师的。如今真是感慨，当初只听了一小部分，赶紧通过“交易之家”网站报名，还差点没赶上课程。跟随李老师学习，是我这一年最幸运的事情。

真正的高手就是不一样，听李老师的课程，和当年在学校专业课上听开山辈师爷授课的感觉是一样，头皮发麻，振聋发聩，都是很简单、直接、适用的，听完就能够让人信服，也能一下子就能让人抓到底层的交易逻辑，知其然更知其所以然。

我对纯价格的顺势交易接触较短，但是之前国内引进的国外经典系统化交易书籍也看了不少，包括范·K.撒普等人的书籍。相较于那些经典书籍，个人认为李老师的体系，涉及的交易要素结构更加完整，能够直接有效地指导交易实践，相信李老师的新书在将来期货交易的经典书籍中，必定占有一席之地。

后记：我的重生

“交易新启原”这门课，倾注了李小军老师十多年交易认知、理念、逻辑、心法的结晶，其内容马上就要以“职业交易员的自我修养（认知篇）”书名出版。这本著作必定会给混沌多年的交易者凿出一个巨大的口子，必定给在交易世界迷茫摸索前行的人们指出一条明路！作为李小军老师的学生，新启原课程的班长，也是李小军交易认知、理念、逻辑、心法课最直接的受益者，图书出版在即，我是既欣喜又惶恐，很想写份感言，叹于本人无资历，无学历，也无交易成绩，作为一个三无人员，我拿什么来写呢，我写什么呢？

我 2017 年就进入了期货市场，但在 2022 年跟李老师系统地学习交易之前，没有清晰的交易认知，其实和小白、菜鸟也没什么区别。交易中，我的操作基本都凭感觉，或采用一些书本上看来的所谓技术，在不断地试错，然后就是持续地亏损，资金曲线总能找到更低点！之前，我却始终认为市场是有一种“技术圣杯”存在的，只要找到了就能在交易上获得成功。其间也拼命看了很多书，学了很多技术，听了好多课，但最终却都是镜花水月，梦幻泡影，竹篮打水一场空，所看所学所听，无一能用之于实际操作，还不知反思。我一直坚信，自己只是没能找到那个打开藏满珍宝山门的“芝麻开门”咒语。在不停地追寻交易“圣杯”的道路上，我就这样浑浑噩噩地像个无头苍蝇一样在市场上乱撞，结果自然不言而喻，最后几近家庭离散。

后期，我无法再交易（钱亏完了），只得继续打工搬砖。然而，我一心想要做交易的小火苗一直未曾熄灭，时时也关注市场信息和学习机会。2022 年 6 月偶然得知李小军老师将开课的信息，欣然报名。三个月的系统学习，带给我的是交易理念和认知的重构。李老师用幽默风趣的比喻和形象生动的讲解，把交易技术的不确定性，深深地烙印进所有同学的脑海里。“技术就是变色龙”“腌咸菜”“仁督二脉”这些词，回想起来总是让人会心一笑又记忆深刻。

写这篇后记时，我绞尽脑汁地回忆和思考，跟随老师学习交易以来最大的改变是什么？但却找不到重点。是的，找不到重点，于交易世界重生的我来说，老师给我的是新生，是重构，是彻底抛弃过去的陋习，是全新的自我。于新生儿而言，什么是重点呢？什么都不是，也什么都是！“交易的不确定性”“利弊思维”“损耗补偿”“概率思维”“止损的数学逻辑”……这些知识营养都是构成我的交易体系的一部分，它们是一个严密的整体，我实在分不出哪一部分更重要和不重要！想要在残酷的交易世界顽强地生存下去，有个健康茁壮的交易体系必不可少。

从新启原成立至今，因为特别的缘分，我有幸一直跟随见证了新启原的成立和成长。它带给接受与信任新启原的每一位学员成长的改变，仿佛是光，是希望之光，指引着未来的方向，引领着更多迷途的散户和交易员前行。正如新启原成立之初，李老师对新启原的题词一样：“有禅有净土，犹如戴角虎。”这是新启原对每一个学员的祝愿，也是新启原学员砥砺前行的动力。在这股动力的推动下，我跟随新启原一起成长，如今不再恐惧排斥不确定性，转而坦然接受它，因为不确定性才是交易市场的本质。我开始拥抱概率和盈亏比带来的结果，不再时刻紧张兮兮地盯盘，开始用心关爱家人；我不再被行情的波动扰乱心神，趋势自然会给我盈利，坦然地接受亏损，担心也是无用的。

想说的话，想要表达的情，碍于文字能力无法尽达，本书必定开卷有益，祝每一位有缘新启原的友人，成为你想成为的那个人！

最后感谢姜栎师姐的信任，任命我成为交易新启原的班长。一年来，目睹了李小军老师几百场的视频会议，十几万的答疑解惑文字，300多名学员共同学习和讨论。学习群里，同学们的哭声、笑声、惭愧、无奈、留言、总结像雪片飞舞，其中呼声最高的一句话是："感谢姜栎师姐请李老师出山，让我们知道了交易的真相，课程价值连城，超值数十倍。"

纸上得来终觉浅，绝知此事要躬行。

希望李小军和姜栎两位老师的这本交易认知的新书，给大家的交易带来帮助，并提高你的内功心法，使你获得交易成功的体验感。

新启原班长：默

附：本书视频一览

章节	视频名称	页码	时长
自序	00：李小军老师的交易经历	序 14	12 分
第一章	01：交易认知的四大基石	007	17 分
第二章	02：技术圣杯与认知闭环	019	19 分
第三章	03：交易游戏的本质是不确定性	028	24 分
第四章	04：盈利的基本逻辑是盈利多于亏损	040	25 分
第五章	05：创伤恢复机制——及时止损，减少交易	040	24 分
第六章	06：进入有效学习是落实胜率和盈亏比	057	25 分
第七章	07：三种交易架构模式	068	29 分
第八章	08：三种进场模式的逻辑解析	068	35 分
第九章	09：止损的数学逻辑是提高胜率分布	089	32 分
第十章	10：止盈的概率逻辑是盈亏比	100	34 分
第十一章	11：盈利分布密度要获得交易体验感	111	33 分
第十二章	12：交易的核心心法是不追求盈利	120	27 分
第十三章	13：顺势交易的逻辑是建立信仰	132	29 分
第十四章	14：趋势行情的三种演化思路	145	15 分
第十五章	15：资金管理是选择问题	152	7 分
第十六章	16：损耗补偿机制的三个应用	161	22 分
第十七章	17：爆点过滤重势不重价	172	16 分

图书咨询与服务，请扫码联系

附：本书评语

●《职业交易员的自我修养》是一本交易员的自我认知、学习成长、修养提升的手册。认知，是打造系统的原理；系统，是输出交易逻辑的形式；一致性地输出自己的交易逻辑，完成交易过程。交易当中遇到的各种问题和困惑，希望你们从书中找到答案。

——李小军（“交易之家”创始人、董事长）

●普通人一开始总是在寻找一个万能的交易工具，总是想着从市场上赚快钱，忽略了交易认知的重要内核，就像工具和思维的关系，再牛的交易技术也只是工具，如果没有思维的驾驭，就像这句话一样：“如果你的脑子看不见，那么你的眼睛也看不见。”

——翟鹏飞（“大翟门”创始人、职业交易员）

●迷时师渡，悟时自渡。新启原的学习是让大家定心，让大家有一个停靠的港湾。李老师破除了每个人心中的执念，通过调心、定心、歇心，破除交易中的精神内耗，打通认知与实践的桥梁，踏上了新的投资征程。

——姜栎（“交易之家”运营总监、职业交易员）

●学习就是一种修养，它是长期的、沉浸式的，就像李小军经常讲的“腌咸菜”一样，对交易的认知深且入味；认知理念对交易的帮助是最大的，改了认知，学习了正确的理念，绝对让你在交易中有跨越式的提升。

——史浩生（职业交易员）

●本书带给大家的，不仅是交易认知的改变、心法体系的提升，更重要的是淡然地看待交易，不以交易盈利为目的，合理地接受亏损，让盈利盖过亏损的逻辑持续奔跑。

——李爕佳（私募基金经理）

●李老师的谆谆教诲让很多人彻底扭转了思维，建立了新的交易认知。交易保持平衡输出最重要的是认知，认知的心法影响心态，而最核心的认知是不刻意追求盈利，不抗拒合理的亏损。

——马明伟（期权交易者）

●李小军老师从容睿智，对人生理解很通透，讲课幽默风趣，学习后，我觉得我自身发生了很大的改变，以前是拧巴尖锐的愤青，现在内心相对放松了许多，对人对事不爱钻牛角尖了，心中阳光充盈。

——陈波（职业交易员）

●学习了交易认知，不但认识到交易的不确定性，还领悟到人生也是充满不确定性的。“为学日益，为道日损”，应该用李老师的大局观看待人生，格局要打开，保存自己的能量，做到不内耗，把精力用在努力提高自己的认知水平上。

——幻境（职业交易员）